DICTIONNAIRE DU LOOK

GÉRALDINE DE MARGERIE | PHOTOS OLIVIER MARTY

DICTIONNAIRE DU LOOK

UNE NOUVELLE SCIENCE DU JEUNE

ROBERT LAFFONT

Création graphique : IP-3.fr

© Éditions Robert Laffont, S.A., Paris, 2009
ISBN 978-2-221-11205-2

«Moi je porte sans complexes
Des bas rouges et des chaussettes
C'est la mode
C'est la vie
C'est la mode
Je la suis
Je fais comme les autres filles
Je me promène en blue-jean
C'est la mode
C'est la vie
C'est la mode
Je la suis
Dans les magazines au fil des saisons
Je vois autant de modèles
Que j'entends, que j'entends de chansons
Acheter tous les gadgets
Et ne voyager qu'en jet
C'est la mode
C'est la vie
C'est la mode
Je la suis
Il m'a invitée ce soir, comment faire
Comment vais-je m'habiller
Car je ne voudrais pas lui déplaire
Des boucles d'oreilles en verre
Un fourreau de jersey clair
C'est la mode
C'est la vie
C'est la mode
Je la suis
Cheveux bruns ou cheveux blonds
Une frange sur le front
C'est la mode
C'est la vie
C'est la mode
Je la suis»

Annie Philippe, « C'est la mode », 1966

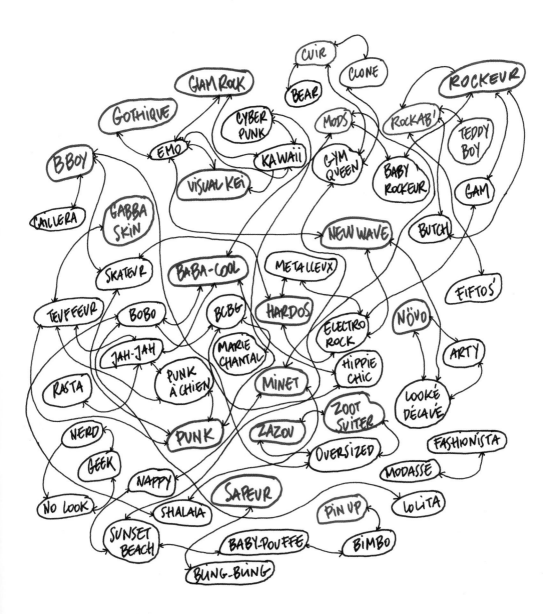

Généalogie simplifiée du look

Oiseau de nuit et créature de vernissage, cette étrange lady a plus d'un happening dans son sac.

INDIVIDU DE HAUTE IMPORTANCE SOCIALE ET MONDAINE, FIGURE EMBLÉMATIQUE DES MILIEUX DE L'ART CONTEMPORAIN ET DU SPECTACLE VIVANT, CET ADEPTE DU PALAIS DE TOKYO[1] CONSIDÈRE LE PORT DU VÊTEMENT COMME UN GESTE ARTISTIQUE ET UNE EXPÉRIENCE CHAQUE JOUR RENOUVELÉE.

STYLE

L'apparence de l'arty relève, selon lui, de l'œuvre d'art et se destine à la réception d'un Autre envisagé comme Public. Sa conception de l'habillement est d'abord cérébrale : l'arty prend grand soin, au quotidien, de se distinguer de la plèbe. Contrairement au no look[2], son rapport au vêtement n'est pas fonctionnel, mais performatif. Grâce à lui, l'arty se réinvente chaque jour. Aussi, chacune de ces apparitions fait office de happening. Son existence, vue par le prisme du vêtement, a toujours l'air d'un chef-d'œuvre et donne à la vôtre des faux airs de film du dimanche soir avec Victor Lanoux dedans.

Coiffure : sophistiquée, elle oscille entre bol médiéval à la Matali Crasset[3], bandeau de tresse qui traverse le visage de part et d'autre, ou crâne rasé d'un seul côté.

Marques : Viktor and Rolf, Maison Martin Margiela, Bernard Wilhem, Comme des garçons, Dries Van Noten, des stylistes japonais minimalistes, des créateurs d'ex-RDA au look postatomique. Mais aussi des fripes et des habits vintage venus d'on ne sait quelle planète.

---

1 Centre d'art parisien «voué depuis son ouverture à rapprocher les publics du meilleur de la création contemporaine française et internationale» (dixit www.palaisdetokyo.com). Haut lieu arty.
2 Cf. No look.
3 Designer français.

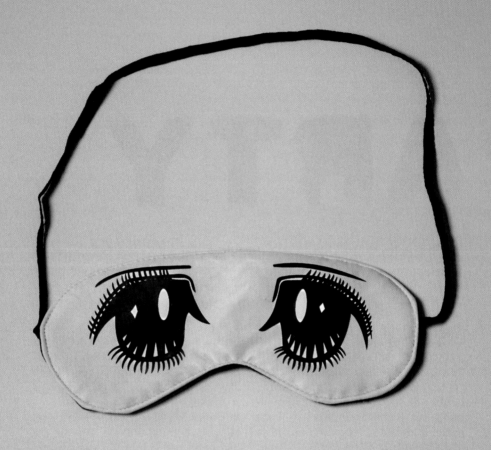

PANOPLIE

Pour ce qui est de l'habit en lui-même, l'arty ne privilégie pas l'accessoire, mais la panoplie, et paraît de ce fait plus déguisé qu'habillé.

Avec l'extravagance pour maître mot, l'arty collectionne pièces rares vintage et vêtements futuristes, pantalons compliqués, pulls étranges et sacs cronenbergiens qui ont l'air vivants.

L'arty pourra le plus naturellement du monde sortir dans la rue habillé en combinaison intégrale orange (oui, comme un peintre en bâtiment) ou en berger inca (oui, avec une flûte de Pan autour du cou), le visage peint de couleurs tribales, dans un style que ne renierait pas Björk, chanteuse islandaise et grande-prêtresse arty devant l'Éternel.

SOCIOTYPE

L'arty est plasticien, vidéaste, styliste, chorégraphe, metteur en scène underground, compositeur de musique industrielle ou expérimentale, architecte, performer, designer, illustrateur, peintre, sculpteur, photographe ou galeriste.

OÙ LE CROISER ?

À des vernissages, à la Fiac, à n'importe quel concert de Sonic Youth[1], au 104[2], aux spectacles de Sophie Perez et Xavier Boussiron[3], à des concerts obscurs et underground comme ceux de Throbbing Gristle[4] ou d'Alan Vega[5], dans des squats d'artistes berlinois, dans un restaurant de cuisine moléculaire, près d'un geyser en Islande, dans des soirées où les gens parlent à l'envers, jouent aux cartes avec des animaux et pratiquent le lancer de nains.

OÙ NE PAS LE CROISER ?

Devant sa télé (il est rarement chez lui), à la fête de l'*Huma*, chez Ikea, à la piscine.

MOTS PRÉFÉRÉS

Intéressant : «*Tu as des narines intéressantes.*»
Conceptuel : «*Son approche conceptuelle du chou farci est très intéressante.*»

Organique : «*Le travail conceptuel de ce photographe est totalement intéressant, quasi organique.*»

Et tous les superlatifs qu'il emploie quotidiennement pour exprimer son enthousiasme devant toute forme que peut revêtir la Beauté - *magnifique, superbe, fantastique, dingue,* et le classique :

« Ça, c'est chef-d'œuvre[6]. »

Superlatifs auxquels il accole fréquemment le préfixe allemand *über* pour venir renforcer leur caractère exceptionnel. *Über beau, über vibrant, über racé, über chiant, über salé.*

---

1 «Groupe de rock bruitiste éternellement cool et branché», selon *Le Dictionnaire snob du rock* de David Kamp et Steven Daly, Scali, 2006.
2 Lieu de création et de production artistique de la Ville de Paris et nouvel épicentre arty.
3 Auteurs de théâtre contemporains fous.
4 Groupe du chanteur transgenre Genesis P. Orrige.
5 Ex-chanteur du groupe Suicide.
6 Se prononce avec l'accent espagnol.

FIGURES

Leigh Bowery (performer, créature connue pour ses déguisements extravagants), Björk (chanteuse islandaise connue pour ses déguisements extravagants), Matali Crasset (designeuse française connue pour sa coupe au bol médiévale extravagante), Orlan (plasticienne française, connue pour ses implants sous la peau du visage extravagants), Matthew Barney (artiste américain, mari de Björk), Harmony Korine (réalisateur américain underground), Chloé Sévigny (ex-compagne d'Harmony Korine, muse underground), Larry Clark (réalisateur et photographe américain qui aime les adolescents underground), Gus Van Sant (réalisateur américain qui aime les adolescents underground et muets), Grace Jones (chanteuse, muse de Jean-Paul Goude, icône underground), Dita Von Teese (pin-up, icône fétichiste, ex-femme de Marilyn Manson), Andy Warhol (pape du Pop Art), Coco Rosie (sœurs chanteuses à boîte à musique et à moustache), Mathilde Monnier (chorégraphe), Jeff Koons (artiste kitsch, ex-mari de la Cicciolina), Wim Delvoye (artiste inventeur de la machine à merde), Rodrigo Garcia (metteur en scène, scénographe, connu pour ses spectacles débordants de flux organiques), Jonas Mekas (inventeur du cinéma indépendant), Stan Brackage (vidéaste expérimental), le Velvet Underground (groupe de rock underground new-yorkais des années 60 issu de la Factory d'Andy Warhol), David Lynch (réalisateur métaphysique), Can (groupe de rock progressif allemand des années 70), Jan Fabre (chorégraphe underground), Christian Rizzo (chorégraphe underground)...
et tant d'autres encore.

ENNEMIS

Le Syndicat du hype dénonce quotidiennement le système de la branchitude excluant et fasciste et s'incruste dans tous les vernissages de la capitale pour se rincer à l'œil. Son fondateur, Thierry Théolier, dit Th Th, poste régulièrement sur son site une newsletter recensant tous les événements artys à venir afin que tous les crevards de France puissent y accéder. Sa haine du hypeux, et du branché en général, est viscérale.

L'ARTY A-T-IL DE L'HUMOUR ?

Sa démarche se veut intellectuelle donc ne peut se considérer à proprement parler comme « drôle ». L'arty se prend très au sérieux et n'a par conséquent aucun sens du ridicule. Sa recherche de singularité trahit cependant un certain malaise existentiel : l'arty apparaît souvent comme un excentrique frustré, aux traits d'esprit calculés et au désir d'une vie intellectuelle dont il n'a pas toujours les moyens.
L'arty qui n'a pas peur du ridicule et revendique son droit au mauvais goût porte le nom de looké-décalé ou ironiste arty[1].

---

1 Cf. Looké-décalé.

Loulou a beau faire la maline, ce n'est ni son gloss ni son short qui l'aideront à ranger sa chambre.

PETITE SŒUR DE LA BIMBO, LA BABY-POUFFE A DEMANDÉ UN STRING DÈS SON ENTRÉE EN SIXIÈME. TRÈS COQUETTE, À PEINE SORTIE DE SA PÉRIODE POLLY POCKET[2], ELLE EXHIBE NOMBRIL ET MINIJUPE ET REVENDIQUE, DU HAUT DE SES DIX ANS, SON APPARTENANCE À UN GENRE FÉMININ À L'INCONSCIENT FORTEMENT SEXUALISÉ.

STYLE

Coiffure : palmier (queue-de-cheval au sommet de la tête), demi-queue-palmier (la « midqueuch' »), cheveux crantés, couettes, nattes, mèches de cheveux colorées au spray (rose, vert) voire au mascara pour cheveux.

Tenue : minijupe ou robe à volant, short, jean taille basse, leggins et T-shirt flashy.

Code couleur : rose, fuchsia, argenté.

Maquillage : fards à paupières bleu, rose et vert, gloss rose, blush rose, vernis rouge.

Chaussures : méduses transparentes pailletées à talons, bottes, mini-Ugg (bottes fourrées informes).

Bijoux : boucles d'oreilles - la baby-pouffe a les oreilles percées depuis qu'elle est née -, bracelets, bijoux fantaisie.

PRÉNOMS

Tiffany, Ambre, Mallory, Mégan.

MAMAN-POUFFE

Derrière une baby-pouffe se cache souvent une femme aux rêves brisés par la maternité qui projette sur sa fille des fantasmes qu'elle n'a jamais pu réaliser (Holiday on Ice, Cocogirl). Frustrée, fanée, pétrie de grandes ambitions pour sa fille, la maman-pouffe s'empresse d'inscrire sa fille dès son plus jeune âge à une multitude d'activités extrascolaires (danse modern jazz, gymnastique rythmique et sportive, chant) dans le but de la préparer comme il se doit à la consécration baby-pouffe par excellence : le concours de mini-miss.

---

1 Alizée, « Moi Lolita », 2000.
2 Gamme de poupées en plastique et accessoires destinés aux petites filles.

CONCOURS DE MINI-MISS

Série d'épreuves parallèle à l'élection de miss France, ce concours enseigne à de jeunes padawans[1] en quête de savoir les rudiments du mannequinat (minauderie et sourire sur commande) sous l'égide de vedettes du petit écran telles Sandra Lou ou Séverine Ferrer.

Cet événement transporte généralement la mère de la baby-pouffe dans des états seconds.

« Tiens-toi droite, Tiffany !
Oh, c'est pas vrai, on dirait une patate !
Tu le fais exprès ou quoi ? Qui veut
d'une mini-miss qui a l'air d'une patate,
hein ? Tu peux me le dire, Tiffany ? »

ENFANT DE LA TÉLÉ

Bercée par les chaînes musicales (MTV, MCM, M6), la baby-pouffe a grandi dans un monde d'images chorégraphiées. Abreuvée dès son plus jeune âge aux clips surfant sur la tendance pornosoft de ces dix dernières années, ses modèles de référence (Lorie, Priscilla, Britney Spears, Shakira, Miley Cyrus ou Christina Aguilera) ont grandement influencé son identification féminine et favorisé la précocité de son éveil sexuel.

GIRL POWER

Dérive culturelle et musicale du féminisme principalement incarnée par les Spice Girls et récupérée par la mode, le Girl Power revendique l'affirmation croissante des femmes dans la société tout en les montrant paradoxalement figées dans des postures de femmes objets. Les porte-drapeaux de cette idéologie (Destiny's Child, Christina Aguilera) ont laissé croire aux petites filles que c'est en misant sur une féminité sursexualisée que l'on pouvait s'en sortir, le show business étant la seule issue professionnelle possible, bien évidemment. C'est ainsi que le Girl Power a défini l'uniforme baby-pouffe réglementaire avec son piercing au nombril, son jean taille basse, son string et sa minijupe.

DÉSIRS D'AVENIR

Miss France, patineuse, top model, star, vedette, présentatrice télé.

PARCOURS BRITNEY SPEARS

Enfant star, animatrice du Mickey Mouse Club, pseudovierge à nattes puis femme fatale à crâne rasé et string apparent, Britney Spears est une baby-pouffe devenue bitch[2].

PHRASE TYPE

« Mais si, je peux mettre un soutien-gorge. »

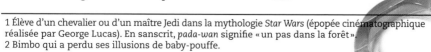

---

1 Élève d'un chevalier ou d'un maître Jedi dans la mythologie *Star Wars* (épopée cinématographique réalisée par George Lucas). En sanscrit, *pada-wan* signifie « un pas dans la forêt ».
2 Bimbo qui a perdu ses illusions de baby-pouffe.

La boîte de Pandore

T-shirt déchiré et mine
décoiffée : Arthur n'est pas sorti
indemne de son week-end.

BABY-ROCKEUR

DU HAUT DE SES QUINZE ANS, LE BABY-ROCKEUR SE SOUVIENT AVEC ÉMOTION DU JOUR OÙ IL A FEUILLETÉ, LA LARME À L'ŒIL, SON PREMIER *ROCK'N'FOLK*. UN NOUVEAU CONTINENT PEUPLÉ DE GROUPIES, D'OVERDOSES ET DE MORTS ÉTOUFFÉS PAR LEUR VOMI LUI TENDAIT LES BRAS.

Victime collatérale du déferlement massif du slim et de la cravate fine au début du nouveau millénaire, le baby-rockeur est, comme son nom l'indique, à peine sorti de l'enfance. On peut le voir, au détour d'une rue du VIe arrondissement de Paris ou du Plateau à Lyon fouler le macadam, la mèche au vent, pressé de rejoindre le studio de son pote Jérem' où il répète avec son nouveau groupe de rock (l'ancien ayant splitté[1] il y a deux jours).

SOCIOTYPE

Comme disait saint Augustin, «on va pas se mentir» : le baby-rockeur est principalement issu des beaux quartiers. Éducation classique, grands lycées, jeunes filles au pair, week-ends à la campagne, vacances au ski : la galère, en somme. «*Mais attention, on veut pas trop se différencier des autres jeunes de notre âge, parfois on va au Mac-Do ou on se fait un kebab, tu vois.*»

QUOTIDIEN

Le baby-rockeur est livré à lui-même dans un hôtel particulier avec beaucoup d'argent de poche pour survivre, ses parents désertant souvent la cellule familiale. Il est très tôt libre de faire ce qu'il veut.

SCOLARITÉ

Peu concerné par les études, le baby-rockeur a néanmoins conscience de l'importance de la culture et du savoir. «*C'est très à la mode en ce moment d'être cultivé. Les filles, quand elles te voient parler politique ou bouquins avec tes potes, elles craquent direct...*» Conscient de la chance qu'il a d'être bien né, le baby-rockeur n'a pas peur de l'avenir.

---

1 De l'anglais *to split* : se séparer, casser. À ne pas confondre avec splifffer, qui signifie fumer des spliffs.

LE LOOK

Boots pointues ou jolies baskets en toile, chemise blanche de rigueur, le baby-rockeur, qu'il soit classique ou trash, est serré dans son slim mais à l'aise dans ses Converse.

LE BABY-ROCKEUR « CLASSIQUE »

D'inspiration anglaise, il est reconnaissable par son style très sixties dans une ambiance « bande du drugstore » proche de celle des mods[1] de l'époque. Jean slim ou pantalon feu de plancher (c'est-à-dire fort court), chemise cintrée ou polo, veste noire étriquée, cravate fine, il est d'apparence très propre. Sa coupe de cheveux est sage : grande mèche latérale et décoiffé sophistiqué.

LE BABY-ROCKEUR « TRASH »

Plus proche de Keith Richards que de Paul McCartney, il n'est pas loin, dans ses mauvais jours, de ressembler à Slash des Guns'n'Roses. S'il adopte la même garde-robe que son cousin classique, le baby-rockeur trash y ajoute cependant ce qu'il faut de bagues, colliers, chaînes et bracelets pour décoincer le style. La coupe de cheveux est nettement plus décoiffée, le T-shirt déchiré et les boots défoncées.

GARE AUX MÉPRISES

Quelques incartades du look baby-rockeur, qu'il soit classique ou trash, vers une allure « sportswear » sont à observer : le port de baskets, pull à capuche, voire de slim baggy[2] a été à plusieurs reprises observé dans la communauté. Mais gare aux méprises : « *Parfois, on nous confond avec des tecktoniks* », confient-ils avec dégoût. En effet, sans leur attribut rock, la mèche des baby-rockeurs peut induire en erreur le béotien. À noter également l'absence de gros chez les baby-rockeurs. Les gros en slim sont à chercher, une fois encore, du côté des tecktoniks, au style nettement plus démocratique.

L'AVENTURIER

Avant d'investir les endroits un peu chauds (les Ier, VIIIe ou XIe arrondissements de Paris, le quartier de Saint-Étienne à Toulouse, le Roucas Blanc à Marseille) où il risque de croiser la route d'une bande de cailleras[3] le baby-rockeur, souvent sujet aux insultes allant du « *sale pédé* » au « *espèce de gosse 2 riches pédé va* », troque opportunément son slim contre un pantalon plus large[4].

---

1 Jeunes Britanniques des années 60 le plus souvent vêtus de chemises ou polos, de costumes sur mesure, avec vestes à trois boutons et double fente postérieure. Le mod ne sortait jamais sans son Vespa.
2 Oui, cela existe.
3 Cf. Caillera.
4 Ce geste est à l'origine du fameux proverbe « *Quand je vais à Châtelet, je mets mon jean APC* ». APC est l'une des marques préférées du bobo.

LE TOTAL LOOK

mèche rebelle

cravate fine en soie italienne

veste cintrée

chemise agnès b.

slim des grands jours et cellulaire apparent

souliers à bouts fleuris usés par
des années de débauche

FAUTE DE GOÛT

Le baby-rockeur avoue avoir jadis porté pantalon baggy, grosses baskets et casquette. «*Ouais, enfin j't'explique : j'ai été skateur[1] pendant deux mois.*»

MARQUES

«*Je suis né en agnès b.*», Zadig et Voltaire, Dior Homme, Prada. Rien de véritablement abordable pour les faibles bourses. Le baby-rockeur peut cependant s'acheter quelques fripes à l'occasion. Restent les marques de slims, qui composent à 80 % sa garde-robe : April 77, Acné. La marque Cheap Monday, en proposant de se slimer pour 50, euros contribua largement à la démocratisation du look à Paris. Le magasin Noir Kennedy, qui accueille toutes ces marques, est un lieu saint pour le baby-rockeur.

LA MUSIQUE

Au début du nouveau millénaire, le critique rock Philippe - c'est géniaaal - Manœuvre[2], s'enthousiasme devant ces nouveaux groupes d'adolescents à guitares électriques, insolents de beauté et de jeunesse, ni vraiment musiciens ni vraiment amateurs, à la dégaine savamment travaillée, bouleversé par ce qu'il considère comme la nouvelle scène rock française. Grâce à ce parrain collector, les mythiques soirées Emergenza[3] du Gibus, véritables tremplins rock, sont relancées. Le phénomène attire les médias qui s'empressent aussitôt de les baptiser «babys-rockeurs».

BABYS-GROUPES

Les Naast, Second Sex, BB Brunes, Plasticines (babys-rockeuses), Shades.

IDOLES

Héritiers de la culture et de la collection de vinyles de leurs parents, ils partagent les mêmes idoles : Clash, les Kinks, les Who, les Libertines, les Babyshambles, les Sex Pistols, les Remains, les Kooks, les Strokes, Bob Dylan, les Stooges, Bowie, les Stones, le rock, quoi.

Si les babys-rockeurs recréent artificiellement la sphère culturelle parentale, ils prennent soin, lorsque papa adore Led Zeppelin, de se dévouer corps et âme à Black Sabbath.

Mais il arrive que les babys-rockeurs fassent des infidélités au rock'n'roll : «*Parfois, en boîte, on danse genre sur de l'electro pour délirer ou on se tape des trips sur Sefyu[4].*» Le baby-rockeur ne rechigne pas non plus à s'écouter de temps en temps «*un petit "Jammin'[5]" en fumant un bon pet' de beuh*». C'est la seule incartade Jah-Jah qu'on lui connaisse à ce jour.

---

1 Cf. Skateur.
2 Critique rock, fondateur du magazine *Rock'n'Folk*, connu notamment pour sa singulière prononciation de l'anglais : «un sinegôle», «James Brône», «les Bitôlz».
3 Soirées rock où les artistes sont évalués par un vote à main levée du public.
4 Rappeur français hardcore.
5 Classique de Bob Marley.

SORTIES

La *nightlife*[1] des babys-rockeurs est gentiment décadente. Au programme : drogues en tous genres «*mais personne se pique, attention*[2]», alcool à gogo, clopes en pagaille et roulage de pelles en folie. Lorsque le baby-rockeur ne sort pas dans des lieux parisiens tels le Truskel, le Pop'in, le Back Up ou le Gibus, il traîne dans des squats.

SQUATS

Le squat auquel nous faisons ici référence n'a rien à voir avec celui du punk à chien[3] ou de l'arty. Ce que le baby-rockeur appelle un «squat» n'est pas un endroit insalubre où l'on amène l'électricité comme on peut mais désigne l'action d'investir l'hôtel particulier de ses parents le temps d'un week-end. (Le squat est généralement organisé par un pigeon wannabe[4].)

L'avantage du squat, c'est que tout y est gratuit, que l'on peut y fumer plein de clopes, rire des photos de famille qui trônent sur la cheminée, faire des soufflettes de shit au chien et se peloter dans le lit des parents.

ENFANTS GÂTÉS

Lors des squats, les babys-rockeurs et les lolitas[5] s'adonnent aux joies de la destruction. Leur but : laisser l'endroit aussi dévasté qu'une chambre d'hôtel après le passage de Pete Doherty. Beaucoup d'incruste, de casse et de vols au programme, chez ces jeunes dans le besoin qui souffrent. «*La dernière fois, j'ai volé un portable, je sais même pas pourquoi.*»

Le lendemain, l'hôtel particulier a des allures de zone sinistrée, et on peut y voir une jeune fille au pair s'échiner à vider les cendriers et ramasser les cadavres de bières.

SEXE

Les babys-rockeurs sont précoces, mais peu au fait de la contraception : «*Il y a eu beaucoup d'avortements l'an dernier à Henri IV*», encore moins de la prévention : «*On flippe des trucs qui traînent, parce que, bon, on a tous un peu couché avec tout le monde, les meufs elles tournent, tu vois.*»

COURAGE

Pantomimes, avatars rock, les babys-rockeurs sont conscients qu'ils peuvent en agacer certains. Mais revendiquent, du haut de leurs quinze ans, leur droit à la culture et à la beauté.

---

1 Vie nocturne.
2 Rappelons que le baby-rockeur a quinze ans.
3 Cf. Punk à chien.
4 Aspirant cool.
5 Fiancée attitrée du baby-rockeur.

Dignes représentants de la
Haute, ces jeunes mariés ont
reçu la passion du pied-de-
poule en héritage.

BCBG

L'INDIVIDU BON CHIC BON GENRE RÈGNE SUR LA POPULATION FRANÇAISE DEPUIS QUE LE MONDE EST MONDE. CE SOCIOTYPE INDÉTRÔNABLE FLEURE BON LES WEEK-ENDS À LA BAULE, LES PARTIES DE CHASSE, LE PULL SUR LES ÉPAULES ET LES TOURNOIS DE BRIDGE AVEC MAMIE.

AUX ORIGINES

Dans les années 80, le Bcbg était connu sous le nom de CCG : cravate-club-complet-gris, généralement assorti de sa compagne FHCP : foulard-Hermès-collier-de-perles. Le Bcbg est également appelé «coince» par les aribos[1] ou «tradi» voire «cla-cla» (classique-classique) par les Bcbg eux-mêmes. On lui accole parfois le peu sympathique qualificatif de «bourge», qu'il est, indéniablement. Il semblerait qu'un courant néo-Bcbg ait dernièrement vu le jour : les nappys[2] (Neuilly-Auteuil-Pereire-Passy), mouvance davantage agressive et ostentatoire.

STYLE

Le style Bcbg est d'obédience classique. Très classique.

CASUAL WEAR

Lui : veste en laine à motif pied-de-poule, jolie chemise, col roulé en cachemire, jean brut ou pantalon en velours côtelé, Weston ou mocassins à glands, pardessus en laine, écharpe orange en cachemire.

Coiffure : cheveux courts ou mi-longs, raie sur le côté, toujours bien peignés. Un épi peut cependant faire une apparition rebelle de temps à autre.

Parfum : Habit Rouge, Vetiver ou Pour un homme sont des effluves bien connues de l'entourage Bcbg.

Elle : jean, jolie veste en tweed, col roulé, chemise, robe austère, ballerines ou bottes, jupe au-dessous du genou.

Coiffure : demi-queue, queue-de-cheval, chignon, cheveux lâchés bien peignés.

Accessoires : carré Hermès, agenda Hermès, collier de perles, Trinity de Cartier, jolie bague à pierre précieuse, chouchou en velours.

Parfum : Shalimar, N° 5 et Mitsouko restent de grands classiques.

---

1 Cf. Bobo.
2 Cf. Nappy.

JOUR DE CHASSE

Eux : total look Beretta (rien à voir avec les tenues que l'on peut voir dans le programme télévisé «Chasse et Pêche»). Pull en laine torsadé, Barbour, loden, veste en futaine, laine et alpaga, parka matelassée, jean, pantalon en velours de coton et cachemire, knickers en cachemire, pantalon cavalier en stretch (pour Madame uniquement), casquette en cachemire, chaussettes longues à pompons et chaussures en cuir.

ÉDUCATION

Enfant sage des beaux quartiers, le Bcbg a fait ses classes : école jésuite, chorale, catéchisme, scoutisme et cours de piano ont rythmé son enfance.
Le Bcbg a en effet reçu une excellente éducation bourgeoise dans ce qu'elle a de plus conventionnel, entre douceur et autorité, petites hontes et grands tabous, sévère mais juste. Il a pour ses parents un respect mêlé de crainte. Bonnes manières, discrétion, importance du travail et des études, sens de la famille et de son prochain, respect de l'autre frôlant parfois l'obséquiosité et amour du patrimoine sont autant de valeurs qui lui ont été inculquées.

MÉTIER

Le Bcbg, après avoir emprunté la voie royale des grandes et moyennes écoles (ENA, HEC, Polytechnique, les Mines...), travaille généralement dans la finance et peut être également haut fonctionnaire.

POLITIQUE

Contre toute attente, le Bcbg vote à droite.

FAMILLE

Très discipliné, on ne lui connaît que peu d'écarts si ce n'est un léger penchant pour l'alcool et peut-être une petite cigarette de temps à autre. Fils modèle, il aime son père et sa mère, fait preuve d'une grande patience avec sa petite sœur et rend visite avec plaisir à sa grand-mère. Sans compter les milliers de cousins germains et issus de germains qu'il voit régulièrement dans la propriété familiale du Perche. S'il n'a pas souvenir d'une éventuelle crise d'adolescence, d'aucuns affirment l'avoir entendu dire un jour :

«Maman, vous m'emmerdez à la fin !»

COMMANDEMENTS BCBG

Pour une obscure raison, on ne dit jamais «Bon appétit» avant de commencer un repas. Si l'impair a été commis par un ignorant[1], on se contentera de répondre «Merci, vous aussi» avec un sourire gêné. Cette invitation évoque en effet l'un des nombreux instincts primaires de l'existence humaine : celui de se nourrir. Dire «Bon appétit» revient à dire «Bons gargouillis». Bref, c'est dégueulasse. Ou dégoûtant, plutôt.

«La convivialité n'était pas notre fort. L'expression spontanée d'une sympathie naturelle non plus. "À vos souhaits !" après un éternuement n'était pas recommandé. La formule pouvait passer, à la rigueur, comme une intention comique appuyée. "Enchanté !" en revanche, à l'arrivée, "Au plaisir" en partant, et même "Bon appétit" étaient tout à fait impossibles[2].»

«*On dit merde et pas mince.*» Ce commandement reste à ce jour inexplicable.
On ne mange pas : on déjeune, dîne, soupe. Ce sont les animaux qui mangent. Par contre on ne «dîne» pas du poulet aux morilles, on le mange.
On dit «dé-jeu-ner» et non «déj'ner». On n'avale pas les mots. Et on se tient correctement à table. Non mais.
C'est la cuillère qui va à la bouche et non l'inverse.
On ne coupe pas sa salade avec son couteau (le vinaigre oxyde l'argenterie).
On ne sauce pas directement avec son pain mais on le pique au bout d'une fourchette.
On dit «parfois» et non «des fois».
On dit «popo» et non «caca».
On ne va pas «faire l'essence», on va «chercher» de l'essence.
On ne penche pas son assiette de soupe pour grappiller ce qu'il reste :
on laisse l'excédent de soupe et on se rue sur le plat principal.

«Nous utilisions, comme Montaigne, le langage le plus simple. Avec un peu de rigueur. Nous disions : "ce matin", nous disions "ce soir" mais jamais "ce midi". Nous n'allions pas "au coiffeur". Nous ne montions pas "sur Paris". Nous laissions "18 heures" ou "20 heures" à l'administration et aux chemins de fer. Nous utilisions "6 heures" ou "8 heures du soir". Nous ne nous servions pas d'apocopes : nous ne consultions pas de "psy", nous ne nous présentions pas au "bac", nous ne nous laissions pas influencer par la "pub" qui s'appelait alors "réclame", nous ne regardions pas la "télé" - qui n'existait d'ailleurs pas. Nous parlions tout au long et avec naïveté[3].»

---

1 Un plouc.
2 *Qu'ai-je donc fait* (à part parler hyper bien français), Jean d'Ormesson de l'Académie Française, Robert Laffont, 2008.
3 *Ibid.*

Knickers, casquette en tweed
et chaussettes à pompons
pour un look Très Chasse.

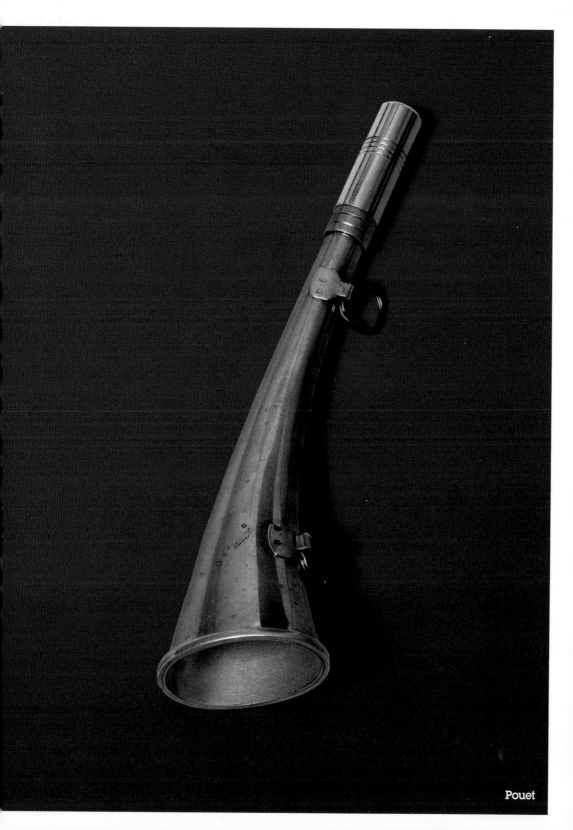

RELIGION

Catholique, très croyant, il a hésité un temps à devenir prêtre. Comme sa tante Marie-Chantal, il connaît toutes les chansons de la messe par cœur, qu'il interprète de sa belle voix de stentor. Bien évidemment, il va régulièrement à Lourdes et il est de toutes les JMJ[1].

Le Bcbg respecte les sacrements religieux qui jalonnent l'existence de tout bon chrétien : baptême, première communion, confirmation, profession de foi, mariage, enterrement. Mais n'est pas une grenouille de bénitier pour autant - il peut même contester certains dogmes.

MUSIQUE

Piano, violon, flûte traversière en pratique amateur.
Michel Berger, les Beatles, Schubert, Schumann, les Frères Jacques.
Et l'opéra.

SPORT

Golf, polo, tennis, backgammon.

AMOUR

Le Bcbg recherche dès son plus jeune âge celle qui sera la mère de ses enfants. À choisir, il préfère de loin s'unir à un beau parti qu'il aura toutes la chance de croiser lors d'un rallye.

RALLYE

« Filles et garçons devront émerger et se distinguer du reste du monde. Dès l'âge de quatre ans, il est obligatoire d'offrir pour ses enfants un goûter d'anniversaire durant l'année scolaire[2]. »

Suite logique au goûter d'anniversaire, le rallye, rencontre de la jeunesse bourgeoise et aristocrate française, véritable institution mondaine, est un événement planifié dans le but de favoriser les unions entre fins de race. Organisées par les parents, ces réunions se déclinent en activités multiples : golf, polo, billard, mais principalement sous la forme de soirées dansantes dans des lieux parfois originaux et prestigieux (salons de réception des grands hôtels, boîtes de nuit, châteaux de Chambord, de Vaux-le-Vicomte) où le rock, voire le rock acrobatique, est roi.

LE ROCK

C'est la danse de rallye par excellence, qui s'effectue sur à peu près toutes les musiques - que ce soit de la house, de la dance, voire du rap. Grand danseur, le Bcbg fera voltiger avec une grâce tout aérienne sa partenaire, et ce, qu'importe sa densité.

« Allez, je compte jusqu'à 4, et à 4 : on tourne. »

---

1 Journées mondiales de la jeunesse, événement organisé par l'Église rassemblant des jeunes catholiques du monde entier. Le pape en vigueur vient toujours y faire un petit coucou.
2 Source : site BCBG-France, « Les codes et les usages commentés avec un zeste d'humour ».

TUBES DE RALLYE

« I Will Survive » de Gloria Gaynor, « The Final Countdown » d'Europe, « Les Lacs du Connemara » de Michel Sardou. Les DJs de rallye les plus connus sont le collectif Interdits de Nuit.

« Attends, ça va être géniaaaal cette soirée, y'a les Interdits aux platines, tu te rends compte ? »

LE PRIX

Il n'est pas rare que les parents dépensent jusqu'à 50 000 euros pour la soirée de leur fille (notez que l'on ne reçoit jamais pour un garçon).

« L'enjeu est à la hauteur des dépenses fastueuses. Il s'agit de parfaire une éducation parfaite, de donner une dernière touche à l'héritier ou l'héritière, digne d'un destin exceptionnel. Mais avant les soirées, il y a les cours de rock et de bridge[1]. »

Les rallyes les plus prestigieux portent le nom de pierres précieuses (Opale, Émeraude, Tourmaline...). Il faut parfois plusieurs années avant de pouvoir y inscrire sa desce

---

1 Michel Pinçon et Monique Pinçon-Charlot, *Sociologie de la bourgeoisie*, La Découverte, 2000, cités dans *L'industrie du rallye*, article de Marie Huret, l'Express, 10 avril 2003.

LE BCBG ET LES AUTRES

Très bien élevé, il est adoré des familles pour sa politesse et sa sympathie naturelle. C'est l'ami que l'on est toujours content de recevoir, le fond de table idéal. Plus la différence socioculturelle est grande et plus sa politesse est affirmée.

PARENTS PROCHES

La Marie-Chantal (une tante, une mère, une sœur).
Le nappy (un petit frère).
Le bobo (un cousin qui s'encanaille).

AUX ANTIPODES

La caillera, le teuffeur, le jah-jah, le bling-bling, l'oversized, l'emo, le skateur, l'arty, le looké-décalé, le geek, le nerd, la bimbo, le punk à chien, le sunset beach, la modasse, la fashionista, le shalala, le kawaii, le bear, la gouine à mèche, la butch, l'electro rock, le dandy, le fluokid, le tecktonik, le metalleux, la gym queen, l'hippie chic...

Chemise à carreaux, poignets de force et sens de la communauté, Nicolas est tout sauf un ours mal léché.

Bear

FIGURE PHARE DE LA COMMUNAUTÉ GAY, CE BÛCHERON
TRANQUILLE AIME SIFFLER DES BIÈRES AVEC SES POTES EN LEUR
DISTRIBUANT DE GROSSES TAPES VIRILES DANS LE DOS.

BEAR [1]

Alternative poilue et ventrue à des standards gay jugés trop excluants, la communauté bear[1] voit le jour à San Francisco dans les années 70. Dès sa première apparition, l'esthétique bear affirme sa volonté de prendre des distances avec des canons de beauté bien trop stricts à l'égard de tous ceux qui n'ont ni corps d'Apollon, ni visage d'éphèbe, ni physique Bel Ami[2]. Lassé de cette ségrégation interne envers les gros, les moches et les plus de vingt-deux ans et demi, le mouvement bear revendique un retour à l'ultravirilité, dans un esprit plus mec-mec que jamais.

Premiers à rejoindre la communauté, les cuirs - que l'on nomme à l'époque «les clones», en référence aux modèles du dessinateur homo érotique Tom of Finland[3] - se retrouvent dans ce paysage archisexuel, ce nouveau monde *«de pure virilité, presque guerrier, duquel toute référence féminine est exclue[4]»*, qui s'ouvre par la suite à toutes sortes de gays égarés - à l'exception des folles[5], bien entendu. La communauté prend de l'ampleur et Internet achève de fédérer les bears de tous pays.

STYLE

Authentique, cool, très «ma cabane au Canada», la garde-robe du bear est farouchement antimode (il n'a pas attendu la fashionista pour porter la chemise à carreaux), et ne subit aucune pression liée à la tendance ou au must have. Son style se construit autour d'un naturel travaillé : chemise à carreaux donc, ou polo, bon gros jean, salopette ou treillis, godillots pleins de boue, veste en cuir, en jean ou perfecto sont autant de pièces indispensables au vestiaire bear. Maintenu bien au-dessous de la taille pour exhiber un ventre rebondi, signe d'excellente santé chez les bears, le pantalon peut s'orner de bretelles et de ceinture.

---

1 Ours en anglais.
2 Studio slovaque, connu pour ses pornos «romantiques» et ses jeunes acteurs efféminés.
3 Connu pour ses illustrations peuplées d'archétypes masculins : policiers à moto, marins, hommes d'affaires, motards, hommes en cuir, bûcherons et autres Village People.
4 Frédéric Monneyron, *Sociologie de la mode*, PUF, 2006.
5 Homo très efféminé.

ACCESSOIRES

Porte-clés, portefeuille en cuir avec une chaîne en argent, grosses lunettes, petite casquette, bonnets scouts, bracelets de force, cigares. Le mouvement bear, très revendicatif, repose sur une imagerie forte : autocollants patte d'ours, griffes et griffures, ours stylisés sont légion. Il est de bon ton d'afficher un T-shirt du bar bear que l'on fréquente ou éventuellement un polo publicitaire gagné au boulot type «Convention Microsoft Bruxelles 1998», un sweat-shirt souvenir des convergences bear «Cologne 2003» ou «Madrid 2008», autant de signes d'appartenance à la communauté des ours.

CODE COULEUR

Bleu, noir, kaki, gris, marron.

INTERDITS

Les interdits bear sont prévisibles : pas de vêtements moulants, de lycra, de lamé or, de jupe, talons, perruques, faux seins, maquillage. Les motifs fantaisie sont également bannis : de la chemise à fleurs au marcel à pois.

Le bear peut exceptionnellement s'autoriser la folie de porter une couleur vive comme le rouge, voire oser l'authentique kilt écossais (et non le kilt Jean Paul Gaultier), mais ce sont les seules libertés vestimentaires qu'on lui connaisse à ce jour.

TYPOLOGIE BEAR

Les bears se différencient entre eux selon des critères bien précis.

Admirateur : non-bear amateur de bear. Un trappeur, en quelque sorte : sa passion première est le poil.

Big bear : bear très poilu, gros ou carrément obèse. Appelé aussi grizzly quand il est un peu méchant. Grrr.

Chaser : non-bear en voie d'ursification, à la sexualité très active, attiré par les chubbys. Signe particulier : il ne parle qu'aux bears.

Chubby : bear sans poil mais pas maigre pour autant.

Cub : jeune bear, petit ourson aux belles rondeurs, assoiffé de miel.

Daddy : ours âgé (en général plus de cinquante ans) à l'attitude protectrice, paternaliste. Cherche un jeune pour rapport père-fils.

T-shirt-bretelles : c'est la tenue daddy par excellence.

Loutre (ou loup) : homme très velu mais à faible corpulence.

Panda : bear d'origine asiatique.

Polar bear : vieux bear à la barbe blanche.

Superchub : très gros chubby.

Crevette : jeune homme maigrelet et imberbe. L'emploi du mot est péjoratif, on l'aura compris.

Husbear : le compagnon attitré d'un bear, contraction de «my husband bear».

Muscle-bear : homme velu, musclé, voire très musclé, tenant à la fois du bear et de la gym queen[1]. Son style, très travaillé et peu spontané, est éloigné de l'authenticité bear.

---

1 Cf. Gym queen.

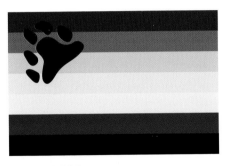

LE BAR BEAR

Débit de boissons sympathique et convivial, le bar bear dispose généralement d'une terrasse, d'un bar en rez-de-chaussée, d'un lounge-floor en mezzanine et d'un espace disco-boîte. Cet établissement d'ours pour les ours obéit à un protocole bien précis et se réserve le droit d'entrée. Si les filles sont tolérées en terrasse, la tanière ne leur est pas pour autant ouverte. La folle, quant à elle, n'est vraiment pas la bienvenue, que ce soit en terrasse ou à l'intérieur, et ferait bien mieux de se tirer vite fait. Le reste de la communauté y est comme chez elle et les petits nouveaux, qu'ils soient chasers, cubs, voire pas bears du tout, y sont toujours bien accueillis. Haut lieu de la franche camaraderie, la tension sexuelle y est beaucoup moins forte que dans les autres bars gay.

LE BEAR'S DEN

Véritable institution, le Bear's den est venu fédérer la communauté parisienne. Pot de miel en plein Marais, chaleureux et bon esprit, c'est un rendez-vous incontournable de la capitale, où il fait bon boire des demis.

BARS BEAR DE FRANCE

Des Bear's à Toulouse, Bear Méditerranée à Montpellier, Lionceau à Tours, Trappeur Bar à Grenoble jusqu'au XL à Lyon : la France est une terre d'accueil pour la communauté.

CONVERGENCES

Rencontres annuelles amicales, festives, sportives et sexuelles entre bears, les convergences se déclinent en voyages touristiques et autres croisières. Au programme : visites, saunas, hôtels, fêtes et élection du Mister Bear de l'année.

LES BEARS ENTRE EUX

Accueillants, conviviaux, chaleureux : les bears sont sympas. Et très tendres entre eux.

Il n'est pas rare de les voir se câliner, bras dessus, bras dessous, dans une ambiance très bière-tendresse, tendresse de bière.

Leur rapport à la sexualité est simple et ne s'embarrasse pas de stratégie sophistiquée pour passer à l'action.

OLD IS BEAUTIFUL

Les bears ont un grand respect des Anciens : l'âge est même un atout, fait plutôt rare dans la communauté gay où l'on est sur la pente descendante passé trente ans.

Chez les bears, la jeunesse peut au contraire être un obstacle. Il n'est pas rare de se prendre un vent en s'entendant dire : « *Tu es trop jeune. T'as pas faim ? Mange un peu. Allez viens, j'te paie un Big Mac.* »

Bottes montantes et casquette griffée : autant de signes d'appartenance à la confrérie des ours.

FAT IS GOOD

Signe de beauté et de grande santé, il est de bon ton d'être gros chez les bears. Certains entretiennent même un rapport fétichiste à l'obésité en se cherchant des conquêtes de plus en plus imposantes. Le Guiness Book des records faisant foi.

LE BEAR ET LA NOURRITURE

Si vous recevez un bear chez vous, n'ayez pas la mauvaise idée de l'épater en cuisinant un filet de lotte au fenouil assorti de petits légumes au quinoa. Misez plutôt sur la saucisse-frites, le bon gros steak ou le cassoulet.

LE BEAR ET LA MUSIQUE

Contrairement à la gouine à mèche[1], le bear n'écoute pas de musique électro pointue. Si le bear est volontiers amateur de country et de square dancing, il aimera avant tout faire rebondir son ventre sur de la grosse dance qui tache.
Groupes de bears : les Bearforce 1 et leur tube « Shake that Ring ».

LE BEAR ET LE SPORT

Il existe depuis 2004 une association de rugby gay friendly, Les Gaillards (présents à la dernière Coupe du monde) où le bear peut se défouler autant que faire se peu. *« Le Gaillards Rugby Club, c'est une bande de garçons et de filles, homos et hétéros, jeunes et moins jeunes, qui t'invitent à te joindre à eux pour t'initier au rugby. Les Gaillards, c'est l'amour du jeu, c'est l'amour des autres. »*

---

1 Cf. Gouine à mèche.

ICÔNES BEAR

Chabal, Chewbacca, le Père Noël.

OPEN BEAR

Si on lui reproche parfois une tendance « bears into bears » trop exclusive, la communauté bear est de loin la plus ouverte des sociétés gay. Les handicapés et sourds-muets homosexuels y sont par exemple chez eux, bien plus qu'ailleurs.
Par ses codes vestimentaires virils et hétéronormés, le mouvement bear a également facilité la vie homosexuelle en province. Mais c'est surtout sa redéfinition des critères de beauté, sa valorisation de l'âge et du poids, qui ont permis à la communauté de s'épanouir pleinement.

PAROLE DE BEAR

« Ouais, enfin les bears, ça reste quand même des tapettes, hein. Tu mets du Mylène ou du Madonna, ça va pas se faire prier pour se trémousser, je peux te dire. »

Passion carreaux

Tenue rouge passion : il y a du
monde au balcon.

JEUNE FEMME SYMPATHIQUE HABILLÉE DE MANIÈRE SEXUELLEMENT OSTENTATOIRE[2], LA BIMBO PRIVILÉGIE MINIJUPES ET DÉCOLLETÉS PIGEONNANTS ET A EFFACÉ, D'UN REVERS DE BOUCLES BLONDES, PLUS D'UN SIÈCLE DE COMBATS FÉMINISTES. SON APPARENCE SULFUREUSE CACHE EN RÉALITÉ UN CŒUR GROS COMME ÇA.

CELLE QUE L'ON APPELAIT MIETTE

Juin 2000 : un événement majeur dans l'histoire de la télévision vient bouleverser le paysage audiovisuel français autant que les mentalités. Depuis quelques semaines, le cœur de la France bat au rythme d'un nouveau programme télévisé qui signe l'arrivée d'une nouvelle ère en matière de divertissement : la télé-réalité. Premier jeu qui expose à des caméras des jeunes enfermés dans un loft vingt-quatre heures sur vingt-quatre (seules les toilettes et une salle sont épargnées, selon une décision du CSA), «Le Loft», comme on l'appelle, est sur toutes les lèvres.

Alors que certains philosophes dénoncent un concept concentrationnaire, d'autres personnalités, comme le réalisateur Jean-Jacques Beineix, crient au génie. Une chose est sûre : si le jeu soulève des questions éthiques, il étanche surtout la soif de voyeurisme de chacun.

S'il ne fallait garder qu'un souvenir du Loft (hormis le culte «cékikapété ?[3]»), ce serait sans hésiter son fétiche Loana, blonde et pulpeuse, connue pour ses pole dance[4] déchaînés et ses amours aquatiques.

Fille du Sud perchée sur d'immenses plateform shoes, crinière blonde peroxydée, minijupe à volants, T-shirt au-dessus du nombril, lentilles de contact bleues et seins siliconés qui débordent, Loana incarne le visage d'une certaine France, la Marianne d'un nouveau peuple : les bimbos.

---

1 Baudelaire, «Mon cœur mis à nu», 1887.
2 Pour ne pas dire comme une pute.
3 Julie, saison 1.
4 Danse sexy autour d'un poteau vertical. Apanage des strip-teaseuses.

CAGOLE

Généralement, les plus beaux spécimens bimbos viennent du Sud où elles portent le nom chantant de «cagoles». La bimbo du Sud, la chagasse, littéralement la chaude, incarne incontestablement la bimbo dans ce qu'elle a de plus noble et a pour elle la valeur ajoutée de l'accent. «*Boudueuh, il est mingnongue commeuh tout ce sèreveur… J'en feré biengue mon quatre heureuh…*»

FAMOUS BIMBOES

C.J. Parker

C'est la série télévisée «Baywatch» («Alerte à Malibu») et ses histoires de sauveteurs de plage de la brigade de Los Angeles qui vient véritablement populariser la figure de la bimbo dans les années 90. Cette incroyable sauveteuse blonde peroxydée au maillot rouge archi-échancré qui court au ralenti, une bouée jaune à la main et des seins disproportionnés qui restent étonnamment droits dans l'effort, marquera l'inconscient collectif à jamais.

Cette sauveteuse, c'est Pamela Anderson, alias C.J. Parker, bimbo-star internationale, qui fera de ce programme la série la plus regardée au monde.

Lolo Ferrari

Danseuse, chanteuse et actrice de films porno, Lolo affichait un tour de poitrine de 180 centimètres et d'un poids de 5,6 kilos. Cette actrice et chanteuse mourut dans des circonstances plus que mystérieuses et laissa derrière elle une œuvre bouleversante, dont on retiendra essentiellement la chanson «Airbag Generation» et le film *Planet Boobs*.

STYLE

Règle d'or : plus le tissu se fait rare, plus la bimbo se dévoile.

Tops : la bimbo affectionne particulièrement les hauts - qu'elle appelle «tops» - qui laissent entrevoir et ses seins et son nombril. Souvent, son top est plus proche de la brassière que du T-shirt à proprement parler. La bimbo privilégie les tops à messages forts, politiques : «*Hot girl*», «*Par ici les mecs !*» quand ce n'est pas «*I'm horny*» (je suis chaude).

Jupes et robes : la bimbo adore les minijupes et les minirobes moulantes.
Selon le sociologue Guillaume Erner, «l'invention de la minijupe, vêtement adolescent emprunté au vestiaire de l'enfance, témoigne d'un désir d'arrêter le temps et de rester figé dans celui de l'innocence et des origines[1].»
Selon ce même principe, la robe tiendrait la femme à l'écart de toute activité autre que sexuelle tandis que le pantalon «libérerait la femme physiquement et psychiquement de ses contraintes en lui ouvrant l'accès aux activités intellectuelles, économiques et sportives».
Quoi qu'il en soit, la bimbo est plus jupe que pantalon. Enfin, tout dépend du pantalon..

---

1 Guillaume Erner, *Sociologie des tendances*, PUF, 2008.

Pantalons : jean délavé archi taille basse, duquel elle aura pris soin de laisser dépasser un string rose à paillettes, ou jean serré aux cuisses et évasé en bas couvrant à peine ses plateform shoes. Microshort en jean avec poches qui dépassent. Pantalon en vinyle noir. Tregging[1] léopard.

LE SAVIEZ-VOUS ?
Le mot «bimbo» serait d'origine italienne. Signifiant «bébé ou petit enfant», il était en effet courant dans les années 20 de dire d'un garçon pas futé-futé qu'il était un vrai bimbo.

BIMBOPSYCHÉ
«Je revois ma mère m'appelant pour la rejoindre... Miette, Miette. Un jour, elle m'expliqua : "Tu vois, ma miette, notre famille est comme le pain. La croûte, dure mais protectrice, c'est ton père. La mie, douce et tendre comme l'amour que je te porte, c'est ta mère. Les deux réunis ont donné une miette, à la fois douce et dure. C'est toi[2]."»

Comme tout être humain, la bimbo souffre.

COMPLEXE D'ŒDIPE
Mal réglé, ce complexe provoque en elle l'envie conséquente de séduire son père à jamais (un père absent, qui est parti comme un lâche, ou qui ne lui a jamais prêté attention : il aurait préféré avoir un garçon). La bimbo est, en définitive, une petite fille qui veut son papa.

ROMANTISME PATHOLOGIQUE
Secrètement, la bimbo qui ne dégage que stupre et *instant sex* aspire à une vie meilleure, peuplée d'enfants et de poneys dans une jolie maison témoin sur la Côte. Son drame est de se faire prendre à son propre jeu et de se laisser abuser par des hommes machos et primaires rejouant inconsciemment l'abandon paternel dont elle a été victime.

---

1 Le tregging est un legging en vinyle très moulant.
2 Loana Petrucciani, *Elle m'appelait Miette*, Pauvert, 2001.

VINGT-QUATRE HEURES DANS LA VIE D'UNE BIMBO

9 heures : Jessica se lève et allume direct la télévision. Elle n'aime pas le silence et préférerait mourir plutôt que de louper le télé-achat et cette fascinante pub Sport Elec qui a sur elle un réel pouvoir hypnotique (on y voit des électrodes muscler artificiellement des fesses). Subjuguée par ce qu'elle voit, la jeune femme se prépare au plus vite un petit-déjeuner - tartines de Nutella, Nesquik : la bimbo est un peu régressive - et retourne aussi sec devant son poste.

10 heures : Jessica file sous sa douche et allume la radio. RFM à fond, elle se récure à l'aide d'un gommage qui sent la vanille et chante «C'est chelou» de Zaho. Jessica est persuadée qu'elle a une grande voix et qu'un jour un producteur saura la reconnaître.

11 heures : Jessica sort de sa douche et admire son brushing dans la glace. Elle ouvre le placard de sa penderie et l'observe, circonspecte.

11 h 30 : «A y est», Jessica sait comment elle va s'habiller. Elle enfile une jupe rose et un débardeur avec écrit «*don't touch*» sur les seins.

11 h 35 : Catastrophe : Jessica s'observe devant la glace. Verdict : elle est toute boudinée. Elle fond en larmes et met «Lucie» de Pascal Obispo.

12 heures : Secouée de sanglots, Jessica est sur son lit et serre un gros coussin en cœur sur sa poitrine, quand soudain son téléphone fixe, en forme de dauphin, sonne. Sa copine Marika[1] est au bout du fil et lui remonte le moral en lui proposant d'aller faire un peu de shopping. Enchantée par cette idée, Jessica opte pour une microrobe rose, une «*valeur sûre qui saura la mettre en valeur*». Elle enfile un miniboléro et décide de ne pas se regarder dans la glace.

12 h 15 : Trop contente de la perspective de son après-midi à faire les boutiques avec Marika, Jessica, emportée par la course de ses plateform shoes, dévale les escaliers comme un cabri, rate une marche et s'étale de tout son long. Drame : dans sa chute, la bride de sa chaussure s'est cassée. Qu'à cela ne tienne, Jessica mettra des tongs. Elle en sort une paire de son sac et file rejoindre Marika.

13 heures-16 heures : Jessica et Marika font des achats compulsifs chez Miss Sixty, Pimkie et Jennifer.
«*Y me boudineuh pas çui-là ?*
- Mais nang, avec ce petit taupe argenté, tu as vrémangue l'éreuh d'une manniquingue.»

1 Marie-Caroline.

18 heures : Jessica rentre chez elle et se prépare pour aller travailler.

20 heures : Jessica, microshort en jean et chemise nouée au-dessus du nombril part pour le Challenger, la discothèque dans laquelle elle travaille.

22 heures : Grosse fiesta au Challenger où Jessica gogo-dance : les clients l'adorent. Steve, un fils de notable sur lequel Jessica a des vues depuis longtemps, est présent dans la salle. Elle le trouve trop beau avec sa gourmette et ses cheveux gominés, *« Komangue il é grave trop stylé Steve sé-ri-eux »*. Par chance, il lui demande de s'asseoir à sa table avec ses potes.

0 heure : Steve est bourré et propose à Jessica, qui a fini son service, de boire un dernier verre chez lui. Enchantée, Jessica l'accompagne.

0 h 05 : Steve tringle Jessica dans sa Xantia.

0 h 15 : Steve s'endort et bave un peu sur Jessica.

0 h 45 : Jessica pousse délicatement Steve et s'extirpe à pas de loup de sa voiture. Des papillons dans le cœur, elle rentre chez elle. *« Je crois que je lui plé. »*

1 h 30 : Jessica est chez elle et s'endort, le sourire aux lèvres, son coussin cœur sur la poitrine, devant l'émission 100 % clips.

MAQUILLAGE

La bimbo a ce qu'on appelle la main lour-
de. Couleurs de prédilection : le rose, le
rouge, le noir, le scintillant, le glitter, le
léopard, le mauve, le violet.

BIMBOGAME

Le site ma-bimbo propose d'élever une bimbo en ligne, un peu à la manière d'un tamagotchi[1].

ICONOLOGIE

Tous les films du réalisateur américain Russ Meyer, connu pour son obsession des créatures à gros seins, mais aussi *Bimboland* d'Ariel Zeitoun.

LEXIQUE

Rapport à : expression venant établir un lien entre deux propositions.
Ex. : «*Ben si, c'était rapport à ce que je t'avais dit sur lui.*»

Au niveau du vécu : expression venant caractériser tout recours de la bimbo à ses souvenirs et à ses expériences passées.
Ex. : «*Ben, c'est vrai qu'au niveau du vécu, j'en ai pas mal chié avec les mecs.*»

Genre : expression qui vient spécifier plus finement ce dont la bimbo parle.
Ex. : «*Ben il m'a dit qu'il me kiffait, genre qu'il avait envie qu'on s'rait emménagés ensemble, quoi.*»

Comme quoi : variante de **genre**.
Ex. : «*Ben il m'a dit qu'il me kiffait, comme quoi qu'il avait envie qu'on s'rait emménagés ensemble, genre, quoi.*»

La miss : demoiselle.
«*Comment ça va la miss ?*»

De suite : dans l'immédiat.
«*Je te rappelle de suite.*»

Au jour d'aujourd'hui : présentement.
«*Au jour d'aujourd'hui, je peux dire que je me ferais plus avoir par des types dans son genre.*»

Au moment J : au bon moment.
«*Je te jure que s'il me demande des enfants, je serais prête au jour et au moment J.*»

Être avec : former un couple.
«*Yohan, je suis restée deux mois avec.*»

---

1 Animal de compagnie virtuel japonais.

Manteau de fourrure, chaînes en or, lunettes de marque : le rappeur ST porte sur lui l'équivalent du PIB de la Côte-d'Ivoire.

BLING BLING

POPULARISÉ PAR DES FIGURES TAPE-À-L'ŒIL DU RAP AMÉRICAIN COMME LIL WAYNE, NOTORIOUS BIG OU BG, L'ART DE VIVRE BLING-BLING FAIT DE BIJOUX, DE VOITURES TUNÉES[2], DE CHAMPAGNE COULANT À FLOTS ET DE FILLES EN STRING LAMÉ INCARNE AUJOURD'HUI LE RÊVE D'UNE NOUVELLE GÉNÉRATION PLUS QUE JAMAIS MATÉRIALISTE.

Avant de venir qualifier un style de vie nouveau riche, clinquant et ostentatoire donnant lieu des formulations incongrues du type : «*Ma Tante Suzette s'est acheté une télé à écran plat complètement bling-bling*», l'expression bling-bling se rapporte à la culture hip-hop, imprégnée de l'imagerie gangsta[3] des années 90.

GENÈSE BLING-BLING

Selon le *Urban Dictionnary*, le terme «bling-bling» serait une onomatopée jamaïcaine évoquant le bruit des chaînes et des bijoux qui s'entrechoquent. L'expression elle-même aurait été popularisée en 1999 par le succès de la chanson «Bling-Bling» de BG, membre du groupe de rap de La Nouvelle-Orléans Cash

---

1 Raggasonic, «No Money no Friend», 1995.
2 Accessoirisées et personnalisées (volant recouvert de moquette, flammes peintes sur la carrosserie).
3 Courant hip-hop apparu à la fin des années 80 sur la côte Ouest des États-Unis, incarné par des artistes comme NWA, Too Short ou Ice T, pour la plupart issus de gangs. Les sujets de prédilection du gangsta rap sont la drogue, la haine de la police, le proxénétisme et l'argent.

Money Millionaires (également connu du grand public pour son titre «Project Bitch[1]») dont le refrain :

«Bling-bling
Everytime I come around
yo city
Bling-bling
Pinky ring worth about fifty
Bling-bling
Everytime I buy a new ride
Bling-bling
Lorenzers on Yokahama tires
Bling-bling»

chante la joie qu'a le chanteur Lil Wayne d'avoir pour lui bijoux de grande valeur, voiture de luxe, et pas toi.

STYLE

«Tout habillement à la mode est dans une certaine mesure somptueux [...]. La manifestation du pouvoir d'achat [est] la forme la plus simple de la somptuosité[2].»
Le style bling-bling se reconnaît à une accumulation de signes extérieurs de richesse qui convoque chaînes, bagues, bracelets et boucles d'oreilles dorées. La base de la tenue est essentiellement streetwear et oversized[3], c'est l'accessoire qui vient ici faire la différence. Tel un sapin de Noël, la tenue streetwear classique vient s'orner de tout un tas de guirlandes et de décorations pour briller de mille feux.

ESTHÉTIQUE PIMP

Si des chanteurs comme Isaac Hayes, James Brown ou Sly Stone furent les premiers à arborer chaînes en or et habits de lumière, l'esthétique bling-bling est essentiellement liée aux films de la blaxploitation et à la figure récurrente du *pimp*[4], dont le bling-bling reprend les codes vestimentaires : vestes en fourrure zébrées, chapeau et canne à pommeau en or serti de diamants. La pimp cup, littéralement coupe de mac, est le trophée du mérite bling-bling. Celle en or massif du rappeur Lil' Jon serait estimée à plusieurs milliers de dollars.

---

1 Projet Pute.
2 Quentin Bell, *Mode et société. Essai sur la sociologie du vêtement*, PUF, 1992.
3 Cf. Oversized.
4 Maquereau.
5 Auteur de *Explicit Lyrics, Toute la culture rap ou presque*, Les Éditeurs libres, 2007.
6 Robert Beck, aka Iceberg Slim, plus célèbre proxénète des États-Unis d'Amérique, lui-même auteur de *Pimp, mémoires d'un maquereau*, Points, 2008.

LE BRUIT DE LA REVANCHE

Plus qu'un signe de réussite sociale, «le bling-bling, écrit David O'Neill[5], est le symbole de la fierté du "Nigga" qui a réussi sans cesser d'être celui qu'il est. Dans la tête d'Iceberg Slim[6], ce sont des chaînes d'esclave transformées en or». Imagerie de la revanche, les dents en or viennent rendre hommage à celles des esclaves arrachées et les Adidas sans lacets aux prisonniers américains : autant de signes d'humilia-

DIRTY SOUTH

Ce style hip-hop issu du sud des États-Unis, apparu à la fin des années 90, se caractérise par un son dépouillé et des paroles crues, prônant un mode de vie placé sous le signe du stupre et du dieu dollar. L'heure n'est plus à la revanche sociale, mais à l'adoration de l'argent en tant que tel. Victime de la surenchère capitaliste ambiante, le Dirty South achève de populariser l'idéologie bling-bling et s'exporte

LET ME SEE YA GRILLZ

Dentier en or parfois incrusté de pierres précieuses, le grillz est l'un des bijoux de dents préférés du bling-bling. La chanson composée à la gloire de cette prothèse magique par le rappeur américain Nelly en 2005 parle d'elle-même.

«I got my mouth lookin somethin' like a disco ball
I got da diamonds and da ice all hand set
I might cause a cold front if I take a deep breath
My teeth gleaming like I'm chewin on aluminium foil
Smilin' showin' off my diamonds sippin' on some pinot noir
I put my money where my mouth is and bought a grill
20 carrots 30 stacks let 'em know im so fo real
My motivation is them 30 pointers V VS the furniture my mouth
Piece simply symbolize success
I got da wrist wear and neck wear dats captivatin'
But it's my smile dats got these on-lookers spectatin'
My mouth piece simply certified a total package
Open up my mouth and you see mo carrots than a salad»

«Ma bouche ressemble un peu à une boule à facettes
J'ai tout plein de diamants et d'or blanc sur les dents
Je peux provoquer un blizzard en une expiration
Mes dents rayonnent comme si je mâchais du papier alu
Je souris et montre mes diams en sirotant tranquilou du pinot noir
J'ai mis mon argent dans ma bouche en achetant un grillz
20 carats, 30 liasses, chuis pas du mytho moi
Ma motivation c'est de mettre tous ces carats dans ma bouche
Juste pour symboliser mon succès
En plus j'ai un bracelet et un collier que t'as remarqués, obligé
Mais c'est sur mon sourire que l'on se focalise, t'as vu
Ce truc dans ma bouche est vrai et coûte une blinde
Quand j'ouvre la bouche, tu vois plus de carats que de salade coincée entre mes dents »

Nelly, « Grillz », 2005

BLING-BLING DE RUE

« Lè nèg razé, sé la i pli brodé ». (« Quand un nègre est fauché, il porte des habits dorés », proverbe créole.)

Eh oui, dans la vraie vie, tout le monde n'a pas les moyens de Lil Wayne. Le bling-bling de rue est nettement plus pacotille que l'original. Si la fourrure est synthétique et les bijoux en plaqué-or, l'idéal bling-bling reste le même : dollar, pouvoir, escort girls.

LES SAPEURS, COUSINS BLING-BLING

Cousins congolais et zaïrois, membres de la Société des ambianceurs et des personnes élégantes[1], les sapeurs pratiquent depuis plus de trente ans l'art de l'élégance et du vêtement de luxe. Né au Congo au cours des années 70 dans les quartiers populaires de Kinshasa, le mouvement sapeur fut considéré par la jeunesse comme une « lutte » pour l'acquisition ou l'emprunt d'habits de marque, en rébellion contre la dictature de Mobutu qui imposait un uniforme grisâtre à col Mao (l'abat-cos) à ses citoyens.

Défis de sape : des rafles à répétition obligèrent les « lutteurs » à émigrer à Paris, capitale et vitrine de la mode. Dans les années 70 et 80, les exilés se retrouvaient le samedi soir au Rex Club, pour des défis de sape qui voyaient le sapeur le plus élégant élu pour la soirée. Aujourd'hui, à Paris, on peut voir les sapeurs se la donner grave à Guy-Môquet, Château-Rouge ou Château-d'Eau.

Marques : costumes Cerutti, John Preston, Versace, Dolce&Gabbana ou Gaultier, chaussures Weston : rien n'est trop beau pour l'ambianceur qui, pour financer une telle garde-robe, n'hésite pas à y mettre toutes ses économies, ou à avoir recours à des combines de revente d'occasion.

À écouter : « La Sapologie », sublime tube de feu le sapologue Rapha Bounzeki.

NOURRITURE BLING-BLING

Essentiellement des Golden menus chez McDonald's.

ICÔNES

Mister T, Flavor Flav, Lil Wayne, Three-6 Mafia, La Fouine, Lil Jon, Joey Starr, ST le vrai, auteur de l'album hip-hop *La Brillance en France*, Dirty South Cash Money, Snoop Dogg, Nelly, 3-6 mafia, Birdman, BG, Louis XIV.

---

1 La S.A.P.E.

Géraldine et Olivier allient style, décontraction et sens maîtrisé du désordre dans une ambiance barbe casual wear bon enfant.

BOBO

PARADOXE AMBULANT, LE BOBO CONCILIE MODÈLE CLASSIQUE ET VIE SOUPLE, BARBE DE TROIS JOURS ET SALAIRE DE CADRE, MARMAILLE ÉLEVÉE DANS UN APPARTEMENT AUX POUTRES APPARENTES, BAIGNÉ DE LUMIÈRE ET DE MUSIQUE LO-FI[1].

«Il leur semblerait parfois qu'une vie entière pourrait harmonieusement s'écouler entre ces murs couverts de livres, entre ces objets si parfaitement domestiqués qu'ils auraient fini par les croire de tout temps créés à leur usage, entre ces choses, belles et simples, douces, lumineuses. Mais ils ne s'y sentiraient pas enchaînés. Certains jours, ils iraient à l'aventure. Ils ne connaîtraient pas la rancœur, ni l'amertume, ni l'envie. Car leurs moyens et désirs s'accorderaient en tous points, en tout temps. Ils appelleraient cet équilibre bonheur et sauraient, par leur liberté, par leur sagesse, par leur culture, le préserver, le découvrir à chaque instant de leur vie commune[2].»

BOBO ?

Si les sociologues avaient trouvé un terme à la sonorité moins régressive et plus glorieuse pour venir désigner cette catégorie émergente de la bourgeoisie dite «bohème», il est probable que bon nombre de barbus et de négligés-chic auraient plus aisément fait leur coming-out de bobos.

---

1 Musique issue d'enregistrements primitifs dans le but de produire un son sale, opposé aux sonorités jugées aseptisées de certaines musiques populaires (lo-fi : *low fidelity*, en opposition à *high fidelity*). Exemple : Sonic Youth.
2 Georges Perec, *Les Choses*, 1965.

BOHEMIAN BOURGEOIS

Plus précisément, le terme est apparu aux États-Unis où il est venu remplacer le mot «yuppie» (golden boy cynique et ambitieux de type Patrick Bateman[1]). Cette dénomination aurait été employée la première fois en 2000 par David Brooks, journaliste au *New York Times*, dans un livre au nom qui ferait office de sous-titre idéal à n'importe quel film de Cédric Klapisch, *Bobos in Paradise*.

Selon Brooks, le bobo, issu de la contraction de deux mots à l'évidence antithétiques (bohemian bourgeois : bourgeois-bohème), incarnerait une nouvelle classe supérieure, qui «mêle l'esprit de rébellion des années 60 au désir de réussir des années 80».

Le mot, répertorié cette même année en France grâce à un article de *Courrier international* sur ce fameux ouvrage, connaît un franc succès. Il est, depuis ce jour, sur toutes les lèvres.

LE POIDS DE LA HONTE

«Comment t'es trop bobo toi avec ton loft dans le XIᵉ et tes enfants aux prénoms rigolos. »

Bourgeois qui a les moyens de s'offrir les avantages de la bohème, la galère en moins, social-traître, Bcbg qui s'encanaille, «cœur à gauche et porte-monnaie à droite[2]», l'agacement que suscite le bobo est chaque jour plus palpable.

Ce sentiment de n'avoir pas su choisir son camp est de plus incarné par un nom, il faut le dire, parfaitement grotesque (comme tout nom procédant d'un redoublement syllabique hypocoristique[3] et enfantin de type lolo, popo, caca, dodo). Mais ce qui acheva d'humilier les bobos fut sans nul doute cette chanson de Renaud[4] :

«Ils vivent dans les beaux quartiers
Ou en banlieue mais dans un loft
Ateliers d'artistes branchés,
Bien plus tendance que l'avenue Foch
Ont des enfants bien élevés,
Qui ont lu *Le Petit Prince* à 6 ans
Qui vont dans des écoles privées
Privées de racaille, je me comprends.
Les bobos, les bobos
Les bobos, les bobos. »

COMMENT GRILLER UN BOBO

Le bobo, tel l'emo[5], trahit sa boboïtude précisément en ce qu'il nie son état et sa condition de cliché ambulant. *«Ah non, je suis tout sauf un bobo, beurk. Bon, qui est partant pour aller manger des sushis dans une yourte ce week-end ? Venez, ça va être juste fantastique, en plus j'ai acheté tous les films de Philippe Garrel, on va s'éclater.»*

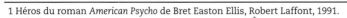

---

1 Héros du roman *American Psycho* de Bret Easton Ellis, Robert Laffont, 1991.
2 Coluche.
3 Qui sert à exprimer une attitude affectueuse. Fifou et Pipou sont, par exemple, des hypocoristiques dérivés de François et Pierre.
4 Renaud, «Les Bobos», 2006.
5 Cf. Emo.

VIEUBO

Très porté sur la culture, il revendique fièrement son abonnement à *Télérama* et aux *Inrocks*. Il a jeté sa télé depuis cinq ans et trouve ça super parce que «*putain, depuis, qu'est-ce que je peux bouquiner !*». Socialiste à tendance Modem, il dit à qui veut l'entendre que Bayrou est «*un type bien*».

Ce qu'il n'avouera jamais, c'est qu'il a voté Sarkozy au second tour en 2007 car celui-ci avait promis de supprimer l'impôt de solidarité sur la fortune et que ça l'a pas mal intéressé du coup. Rapport aux travaux qu'il veut faire dans sa propriété dans le Luberon.

BIOBO

«Les yuppies symbolisent l'argent facile, les bobos la culpabilité morale du bourgeois moderne et les débuts du développement durable[1].»

Décroissant[2] végétalien qui ne s'habille qu'en fibres naturelles, le biobo est connu pour se nourrir exclusivement d'aliments pour chevaux de types graines, granulés, herbes ou céréales au nom étrange (boulghour, quinoa, seitan). Très maniaque et loin d'être cool, il fait la morale à qui veut l'entendre :

«Franchement tu pourrais imprimer sur le verso des feuilles utilisées.»

Grand donneur de leçons devant l'Éternel, le biobo culpabilise tout le monde, ne prend un bain qu'une fois par semaine, ne tire pas la chasse, récupère l'eau de pluie pour arroser ses plantes et rêve de vivre dans un buron[3] en Auvergne (avec un sauna aménagé à l'intérieur quand même). Le biobo nettoie son linge avec une boule de lavage sans lessive portant le nom étrange d'ecoball, ne se soigne qu'avec des plantes, est engagé politiquement (les Verts), aime voyager et reste très sensible aux cultures orientales et africaines. Au réveil, le biobo boit de la chicorée produite en France car cela nécessite de moins longs transports que le café de Colombie ou d'Éthiopie, ce qui présente un avantage certain pour son bilan carbone.

Bref, le biobo est globalement assez chiant.

ARIBO

Aristocrate-bohème, c'est de loin celui qui a le niveau de vie le plus élevé. Souvent rentier, propriétaire, l'aribo a ses terres dans les quartiers chic de France et occupe généralement une maison ou un hôtel particulier décoré avec goût (mobilier Knoll, Mies Van der Rohe, Jean Prouvé, Charles Eames, Werner Pantone).

Il prend de la cocaïne de temps en temps, aime le rock, n'est pas marié, rejette son milieu dont il a cependant reçu le snobisme en héritage.

Il est fier de ne pas croire en Dieu, de dire merde aux conventions et d'avoir un ami noir et/ou homosexuel.

---

1 Guillaume Erner, *Sociologie des tendances*, op. cit.
2 Ces «objecteurs de croissance» rejettent, entre autres, la société de consommation, la publicité, l'individualisme, la course au profit et l'imminente disparition du lien social.
3 Maison de berger dans les alpages.

BOBOMALONGO

Ancien jah-jah, proche du biobo mais nettement plus cool, il aime Cesaria Evora, Radio Nova, le café Malongo (café du commerce équitable), milite pour les sans-papiers, est sensible à l'écologie sans en être un ayatollah. Le dimanche, il fume des pets et joue du jumbé.

CLOBO

Intermittent du spectacle qui n'a pas fait ses heures et a, par conséquent, perdu son statut, le clobo est un bobo qui a échoué et mène une vie d'artiste.

Resté sur le quai, il a vu le train de la boboïtude partir sans lui.

Pique-assiette notoire, parasite, le clobo squatte souvent, vient de temps à autre prendre des bains chez ses amis bobos qui ne savent plus comment s'en débarrasser.

Si le clobo est à deux doigts de la mendicité, il reste toujours bien habillé. Et conserve, de ses belles années, une vieille veste en velours et une jolie chemise qu'il revêt en toutes occasions. «J'ai parfois, dans ma vie, été bien malheureux, mais je n'ai jamais quitté mes gants blancs[1]. »

BOBOSTYLE

C'est par son style vestimentaire que le bobo assied sa coolitude. Son allure diffère selon son bobotype.

NÉGLIGÉ CHIC (VIEUBO, ARIBO)

Cheveux : adepte de la coupe dite « saut du lit jump of the bed », le bobo ne doit surtout pas être trop peigné.

Les filles portent souvent les cheveux longs et une frange, dans un style «je me suis roulée dans une botte de paille je suis folle» des plus champêtres.

Poils : le bobo mâle est rarement rasé de près et porte la barbe de trois jours, voire la vraie barbe et peut oser la moustache, à l'instar de l'arty et du looké-décalé.

Vêtements : chemise Paul Smith débraillée, boots Margiela abîmées, jean APC délavé par des années de bringue au Baron[2]. Son uniforme : très belle veste en velours, vieux T-shirt Fruit of the Loom, joli pull en cachemire, vieilles camarguaises.

La fille bobo aime porter ses vêtements de marque de la manière la plus décontractée qui soit et peut jouer la carte de la féminité sans l'assumer vraiment. Un petit blouson en cuir sur une robe ethnique Isabel Marant avec des boots vintage Saint Laurent et hop : «Aujourd'hui, je suis déguisée en fille.»

La fille bobo se maquille peu ou opte pour un *nude make up*. De temps à autre, elle met un peu de rouge à lèvres ou de rouge à ongles et crée l'événement.

Ce look débraillé, grungy de luxe, n'est évidemment pas à la portée de toutes les bourses.

Emblèmes : Serge Gainsbourg, Antoine de Caunes, Vincent Delerm, Charlotte Gainsbourg, Romain Duris, Lou Doillon, Clémence Poésy.

---

1 Barbey d'Aurevilly au poète François Coppée cité par Michel Lécureur dans son ouvrage *Barbey d'Aurevilly*, Fayard, 2008.
2 Club branché de la capitale.

ACCESSOIRES

Tout bobo qui se respecte a un scooter ou une moto vintage, mais aimera dire, pour asseoir sa street credibility, qu'il prend le métro de temps à autre.
Le nouveau-né porté en écharpe reste cependant l'accessoire numéro 1.

NÉOCLASSIQUE (VIEUBO, ARIBO)

L'aribo aime les belles matières et les grandes enseignes : Margiela, Saint Laurent, Balenciaga. Son style est néoclassique, sa garde-robe bon chic bon genre comporte un soupçon de rock'n'roll (veste en cuir, Wayfarer).
Emblèmes : Sofia Coppola, Valérie Lemercier.

L'ETHNIQUE (BIOBO, BOBOMALONGO)

Son vestiaire mélange la garde-robe jah-jah au vestiaire hippie chic : tuniques, sarouels, foulards dans les cheveux, dreads, bindis et tout ce qui vient d'Afrique.
Attention : la biobo ne s'épile pas sous les bras.
Emblèmes : Manu Chao, Agnès Jaoui.

RÉBELLION

Le bobo n'est pas marié. S'il saute le pas, ce sera uniquement pour procurer des papiers à une amie étrangère. En revanche, il est fréquent entre bobos de contracter un PACS.

RELIGION

Le bobo ne croit plus au Père Noël depuis longtemps, mais affiche un intérêt certain pour la théologie et les exégètes.

PROFESSION

Le bobo a les moyens de la bohème confortable. Son métier est généralement lié à la culture ou à la création. Graphiste, musicien, réalisateur, journaliste, peintre, scénariste, producteur, plasticien, illustrateur, photographe, écrivain, comédien, architecte, designer, webdesigner.

ENGAGEMENT

S'il est allé dormir avec Les Enfants de Don Quichotte, s'est débrouillé pour partager sa tente avec Jean Rochefort et a distribué des litres de soupe au potiron le sourire aux lèvres, il était bien content le lendemain de s'envoyer la dernière saison de *Lost* bien au chaud dans son loft.

ÂGE

On ne naît pas bobo, on le devient. La maturité du bourgeois-bohème se situe généralement vers trente ans.

CULTURE

La culture occupe une place prépondérante dans la vie du bobo, qui aime à montrer qu'il est lettré, citera philosophes et sociologues à l'envi, mais aura beaucoup plus de mal à avouer qu'il a regardé «L'île de la tentation» tout l'été sur TF1. D'ailleurs, s'il ne regarde jamais la télé, il est étrangement toujours au fait de ce qui s'y passe.
Le bobo aime laisser entendre qu'il lit Kant en écoutant Booba et qu'un week-end sans expo est un week-end gâché.

OÙ CROISER UN BOBO À PARIS ?

La communauté a pris ses quartiers dans l'est parisien. Le bobo affectionne également la proche banlieue où il s'achètera un joli loft ou une maison, idéale pour faire ses emplettes au marché bio.«*Tu sais pour Fleur et Émile, c'est plus respirable quand même.*»

«On s'est fait une sublime soupe curcuma-topinambour hier, c'était dément.»

OÙ CROISER UN BOBO EN PROVINCE ?

Marseille : à Notre-Dame-du-Mont et sur le cours Julien.

Nantes : à la biscuiterie Lu devenue un espace dédié à l'art contemporain.

Toulouse : en périphérie du quartier du Capitole.

ENFANTS BOBOS

Le bobo aime se distinguer de la plèbe en donnant à ses enfants des prénoms originaux et incongrus.

Les exotiques : Lula, Tess, Philémon, Cornélius, Yunnan

Les onomatopéiques : Mi, Tado, Lilo, Lou, Bim, Lili

Les désuets : Françoise, Simone, Ferdinand, Violette, Louise, Félicie, Marcel, Lucien, Camille (mais pour un garçon)

Les poétiques : Patience, Prudence, Violence, Dune, Céleste, Dante

Les inclassables : Attila, Cassius, Shalom, Thelonious, Aïne

Les fruités : Pomme, Quetsche, Cerise, Kiwi

Les composés : Lili-Rose, Lou-Lila, Billie-Paule, Zohra-Bilou

1 Poutres apparentes.
2 Du mot Facktum : système de cuisine Ikea.

SORTIES PÉDAGOGIQUES

À un vernissage au Palais de Tokyo, au concert de MGMT, à une soirée décadente, dans un squat anarchopunk : le bobo emmène ses enfants partout.

Petits avatars surlookés bercés au rock progressif et à l'electroclash, les enfants bobos sont souvent beaucoup trop cool pour leur âge.

GRANDS-PARENTS BOBOS

Les grands-parents bobos ne s'appellent jamais Papi et Mamie mais Granny, Luce, Pedro, Nanou, Papou ou Zouzou.

BOBODÉCO

L'appartement bobo répond à l'impératif «pourtrappes[1]-tomettes-double exposition» quand il ne s'agit pas d'un appartement où le béton, élément terrestre du bobo par excellence, est roi. Le bobo a pris soin de *facktumiser*[2] sa cuisine en l'adaptant manuellement à ses bobogoûts (en enlevant, par exemple, ces horribles poignées de portes).

UN SAMEDI BOBO

11 heures : Le bobo se réveille, il a faim et va de ce pas se centrifuger quelques fruits de saison avec un peu de lait de soja. Trois tartines de pain complet et un thé vert plus tard, le voilà qui se prélasse dans sa baignoire en béton en écoutant l'émission «Du grain à moudre» sur France Culture qu'il a pris soin de podcaster en prévision de ce moment de détente aquatique. Puis il enfile son uniforme : jean usé, pull en V sur chemise parfaite, veste en cuir élimé, enfourche son PX et part barbe et cheveux au vent.

12 h 30 : Le bobo retrouve ses amis qui finissent de bruncher au Pause Café, à Bastille, commande un café et cherche machinalement une clope dans le revers de sa veste. Ah mais il est con : ça fait un mois qu'il ne fume plus. Parce qu'on ne peut plus fumer dans les bars et parce que tous ses potes ont arrêté, *«à force ça devient con, non ? Je supporte plus cette aliénation»*.
Avec ses amis, Olivier graphiste, Cathy réalisatrice et Sylvain musicien, ils commentent le *Libé* du jour, débattent de la crédibilité de Julien Doré ou débriefent la soirée de la veille en crachant comme des petites garces sur leurs amis. La compétition des bobos pour la palme de la coolitude est sans merci.

13 h 30 : *«Si on se faisait une petite expo, non les gars ?*
- Attends, c'est con, il fait juste hyperbeau et je crois qu'il y a une brocante à Arts et Métiers, viens, ça va être fun.»
La meute de scooters est en route. À un feu rouge, ils croisent leur pote Yago (leur seul ami noir, leur fétiche) sur un vélib'. Yago est dèg' parce qu'il a pété son iPhone en le faisant tomber dans le bain de ses enfants. Mais place qu'il mixe chez Moune le soir même *«un mélange d'eighties et d'eurodance, j'en ris d'avance».*

14 h 30 : Les bobos s'extasient devant les antiquités. Olivier aide Sylvain qui galère à porter sa lampe-fleur des années 70. Trop contents de leurs achats, ils décident de faire une pause. Seule Cathy est un peu triste : ses chaises Eames qu'elle a payées 2 000 euros se révèlent être de vulgaires imitations.

15 h 30 : Petit café à la terrasse du Progrès. Ils croisent deux potes, Yannig et Juliette, qui viennent d'avoir un enfant, Mia-Louise, trop mignonne avec ses low-boots Marc Jacobs enfant. Ils discutent de choses et d'autres, et commandent un autre thé vert. Olivier choque l'assemblée en prenant un Earl Grey.

17 h 30 : Yannig et Juliette leur proposent de passer voir leur nouvel appart', à cinq minutes de là.

18 heures : La bande parle béton et céramique en écoutant le dernier album d'Alela Diane que *Vice Magazine* a qualifié de «*chef-d'œuvre évanescent*».

20 heures : Ils mangent un bobun pendant que Juliette allaite Mia-Louise et vante les mérites des bains de boue en Lettonie.

22 heures : Les bobos filent vers une fête d'appartement pour se mettre en jambes.

0 heure jusqu'au petit matin : Ils bougent chez Moune, saluent le videur, dansent sur Haddaway en rigolant, lancent une chenille, cravate sur la tête. Ils refusent de la coke mais se mettent une race au champagne. Olivier drague Sofia Coppola, Cathy roule une pelle à Virginie Efira.
Pierre refume.

Le lendemain, à 13 heures :
La bande se retrouve au marché d'Aligre et mange des huîtres, adossée à des poubelles, en riant avec les poivrots du coin.
«*Attends, gros Dédé c'est mon pote, j'te jure on s'adore. Il est juste dingue ce mec. Dingue. La poésie du type.*»

Attention les filles : Alice et sa cravate en soie sont dans la place.

PLUS BRANCHÉE PERCEUSE QUE PEINTURE SUR SOIE, LA BUTCH
AFFICHE UN LOOK VOLONTAIREMENT MASCULIN : CHEVEUX
COURTS, TEMPES RASÉES ET CHEMISETTE RENTRÉE
DANS UN JEAN INFORME.

ORIGINES

Délicate métaphore, le mot «butch» dérive de l'anglais *butcher* qui vient nommer l'artisan chargé de la préparation et de la vente de la viande que l'on appelle par-devers chez nous «boucher». Dans les années 40, le terme désignait un homme très viril et par extension une femme à l'allure masculine.

Figure classique de la communauté LGBT[1], la butch n'est autre que la garçonne de l'entre-deux-guerres, la jules des années 70 et la camionneuse de ceux qui n'ont pas beaucoup d'imagination.

«Velours recouvert de fer[2]», la butch a des allures et des occupations que notre société hétéronormée réserve traditionnellement aux garçons. Oui, malgré son appartenance biologique au sexe féminin, la butch pousse des cris de joie devant une clé à molette et aime bien emmener ses copines faire de la moto. Elle préférera toujours une pinte de bière à un shot de vodka-pomme et pliera n'importe quel champion au billard. Mais il lui arrive parfois de pleurer en douce et pas seulement parce qu'elle a une poussière dans l'œil ou que Bricorama est fermé le dimanche.

---

1 Lesbienne gaie bisexuelle trans.
2 Selon Leslea Newman, auteur de *Butch/Femme. Mode d'emploi*, KTM éditions, 2004.

TRADITIONAL BUTCH	BUTCH 2.0

Rockabilly[1] : le look rockab', incarné par des figures historiques telles Bill Haley, le King Elvis, Roy Orbison ou les Stray Cats, est une des influences stylistiques majeureS de la butch. Perfecto, creepers, pantalon feu de plancher[2], tout dans l'allure de la butch exprime un retour à une esthétique «Grease», par ailleurs l'un de ses inavouables films préférés.

La butch aime également à ressembler à un rocker tout droit sorti de «Cry Baby» de John Waters.

Coiffure : Pompadour : banane gominée et nuque longue.

Ducks ass : cheveux peignés en arrière de chaque côté qui laissent une queue de canard courir du sommet du crâne jusqu'à la nuque. Un peigne à cran d'arrêt dans la poche pour d'éventuelles retouches, et roule ma poule.

Coiffure : cheveux courts, tempes rasées, crête punk.

Bijoux : les piercings, tatouages et bracelets de force.

Tenue : sa garde-robe intègre aussi bien des perfectos, polos et vestes en jean que des éléments streetwear comme la casquette, le pull à capuche ou le baggy (des tenues souvent proches de celles de la gouine à mèche). Ses basiques restent cependant l'incontournable marcel qui met en valeur sa musculature, une chemise à carreaux dans un jean 501 ou un treillis militaire détourné. Sa tenue privilégie nécessairement le confort : la butch doit se sentir toujours prête à changer une roue de voiture. Aux pieds, elle porte Doc Martens ou Caterpillar. Les grands soirs, elle revêt nœud papillon et cravate en satin.

UNE IDENTITÉ TRANSGENRE

L'identité butch exprime un genre différent de celui que la société assigne aux individus en fonction de leur sexe biologique. En effet, la butch n'est pas un transsexuel qui s'identifie en tant qu'homme et ne se revendique pas femme pour autant mais se reconnaît de plus en plus comme un individu transgenre. L'appropriation par la butch des codes masculins signe son refus d'associer la féminité à la vulnérabilité et à la soumission. Ce geste est perçu, de nos jours et en ce contexte intellectuel ambiant de destruction des genres et des sexualités, comme une affirmation politique, un brouillage du système binaire des genres, qui s'inscrit au cœur de l'activisme queer.

LE COUPLE BUTCH-FEM[1]

Historiquement, la bonne amie de la butch est la fem, lesbienne à la féminité exacerbée, qui affiche talons aiguilles, rouge à lèvres et décolleté pigeonnant. Ce couple légendaire marqua fortement la vie du mouve-

---

1 «Sorte de rock'n'roll blanc, typiquement sudiste et rural, né à Memphis en 1954. D'une part influencé par les formes ancestrales de musiques country et western alors appelé hillbilly, et le blues noir ainsi que le rock'n'roll nordiste de Bill Haley.» Michel Rose, *L'Encyclopédie de la country et du rockabilly*, Jacques Grancher, 1986.
2 Cf. Baby-rockeur.

ment lesbien dans les années 50 et 60 aux États-Unis. Mais fut aussi l'objet de nombreuses polémiques.

1. La fem, que l'on nomme aussi «lipstick», est l'objet de nombreuses critiques dans le milieu, accusée de ne pas avoir su choisir son camp et d'avoir opté pour une version ambiguë et trop peu assumée de sa gouinitude.

2. Au-delà de cette «femophobie», le couple butch-fem a été par ailleurs la cible des féministes qui les accusaient de reproduire le modèle hétérosexuel du couple traditionnel homme-femme.

La butch, comme la fem, ne reproduit en rien le couple hétérosexuel mais souligne au contraire la discordance possible entre sexe et genre.

Selon la sociologues queer Marie-Hélène Bourcier, activiste et butch notoire, le couple lesbien, a fortiori le couple butch-fem, n'est pas à penser en rapport au couple hétéro, que ce soit par opposition ou détournement. Il se construit ailleurs, dans d'autres sphères identitaires.

Par ailleurs, la néobutch n'est plus exclusivement attirée par les fems, et peut tenter sa chance avec une gouine à mèche, par exemple.

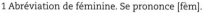

---

1 Abréviation de féminine. Se prononce [fèm].
2 Mouvement culturel et social né dans les années 80, le queercore se caractérise par un dissentiment avec la société hétéronormative en général et un désaveu complet de la communauté gay et lesbienne établie. Il s'exprime dans un style *Do It Yourself* à travers les fanzines, la musique, l'écriture, l'art et le cinéma.

HYMNE BUTCH[1]

«*Damn. You see that girl over there, Ginah ?*
Yeah, the one with the leatherman ?
Oh. She looks real good.
Mmm hmm.
They don't make them like that anymore.
It's true. They're a dying breed.
And you know what's sad ?
You don't see many of them as you used to, like in the day you know, when they had to wear at least three pieces of women's clothing so they wouldn't get arrested ?
Yeah, they would get tattoos of stars so they would recognise each other ?
Aw, she's just so tough.
Damn.
She's just so handsome.
She's so... butch !»

«La vache, tu vois cette fille là-bas, Gina ?
Ouais, celle avec le Leatherman[2] à la main ?
Oh. Elle est vraiment hyper canon. Mmmmmiam.
On en fait plus des comme ca.
C'est vrai. C'est une espèce en voie d'extinction.
Et tu sais le plus triste dans tout ça ? C'est qu'on en voit de moins en moins habillées comme à la grande époque, tu sais, quand elles devaient porter au moins trois pièces de costume féminin pour ne pas se faire arrêter par la police ?
Ouais, et quand elles se faisaient des tatouages d'étoiles pour se reconnaître entre elles ?
Wow, qu'est ce qu'elle est costaud. Tu m'étonnes...
Elle est tellement canon.
Elle est tellement... butch !»

LEXIQUE BUTCH

Baby-butch : jeune aspirante butch.
Daddy-butch : butch qui endosse un rôle paternaliste dans le couple. Comme chez les bears, il est fréquent chez les butchs de se chercher un daddy.
Fag butch : butch qui aime les butches.
Stone butch (butch froide) : refuse de se faire toucher et n'a pas pour but son propre orgasme, mais celui de sa partenaire.
Saturday night butch : butch certes, mais pas tous les jours.

OÙ CROISER LA BUTCH ?

Paris : aux soirées Butch Is Beautiful le dimanche soir aux Souffleurs, aux soirées Fem is fabulous, à la pétanque en face du Bar Ourcq le dimanche, chez Rosa Bonheur.
Province : au Warm Up à Marseille, au Marais à Lyon, au Miss Marple à Lille, aux soirées Bitchy Butch à Bruxelles.

---

1 Team Gina «Butch/femme», featuring Cindy Wonderful, *Gina Gina Revolution*, 2006.
2 Couteau suisse américain.

Mohammed est en mode
bogoss : blouson en cuir, chaîne
au cou et jean de marque.

ENFANT DES QUARTIERS SENSIBLES[1], ISSU DE L'IMMIGRATION,
GRAND AMATEUR DE RAP À LA CASQUETTE VISSÉE SUR LA TÊTE ET
À LA LANGUE FLEURIE, LA CAILLERA N'EST PLUS À PRÉSENTER.
SYMPATHIQUE OU VRAIMENT RELOU, CET ÊTRE À CAPUCHE VISE,
PAR LA CONSTRUCTION D'UNE CULTURE ET D'UNE IDÉOLOGIE
FORTES, À INTÉGRER UN SYSTÈME QUI L'A TOUJOURS DÉLAISSÉ,
« *T'AS VU*[2] ».

ORIGINES

L'expression dérive du verlan du mot
« racaille », dont l'origine, plutôt sympa, évoque, selon le dictionnaire de
l'Académie française, « une populace
vile et méprisable ». Le mot, quant à
lui, aurait plusieurs origines.

Le terme viendrait de l'argot « ca-
naille » (chien) auquel aurait été ac-
colé le diminutif du radical germani-
que *rac*, comme *racker* (équarisseur),
rappelant également l'anglais *rack*
(chien). Quoi qu'il en soit, la signification n'est guère tendre et l'association canine forte. Il est cependant
vrai que les cailles aiment les bêtes :
on les croise fréquemment en compagnie de chiens de race pitbull qu'ils
appellent avec tendresse Pitt'.

« *Hé P'tit Pitt ! T'as les crocs, t'es en pitt*[4]
ou quoi ? Ah ah ah. »

---

1 Grosse racaille de banlieue qui fait peur.
2 Expression idiomatique du ghetto que l'on pourrait traduire par « n'est-ce pas ? ».
3 Être en pitt, en chien : être en manque.

GANGSTA CAILLES

Très influencée par la culture hip-hop américaine, l'idéologie caillera, semblable à la philosophie bling-bling, s'inspire du mode de vie prôné par le gangsta rap, issu des gangs de la côte Ouest, et son lot de nobles revendications tels l'argent, la violence et le port du string obligatoire pour les filles, associées à une haine farouche des forces de l'ordre. Le terme caillera apparaît dans les quartiers, à l'instar du mot *nigga,* comme l'affirmation d'une supériorité, la valorisation d'une marginalité à l'écart de la ville, passée du boulet au blason. Cette réappropriation positive de ce qui est à l'origine une insulte s'accompagne d'une tendance à la provocation et d'une certaine jubilation à faire peur. La caillera aime jouer les caïds.

« Vazy me r'garde pas comme ça, j'te dis. Baisse lézyeux. »

WESH/YO

Les cailleras répondent depuis peu à l'appellation *wesh* («comment ça va ?» en langue arabe) ou *yo* («salut» en argot américain) due à leur emploi abusif de ces deux termes pour saluer et s'enquérir de l'humeur de la personne qu'ils rencontrent.

«Oh mon dieu, là-bas ! Regarde ! C'en est une ! Changeons de trottoir, veux-tu[1] ?»
La silhouette de la caillera est identifiable en un clin d'œil.
Éminemment lié au hip-hop et au sportswear (spécifiquement au training et à la course à pied), le vestiaire caille réunit baskets, survêtement en matière synthétique aux couleurs clinquantes (longtemps le jaune poussin et le vert grenouille régnèrent sur la banlieue), coton qui se fait velours les jours de grand froid et pull à capuche portée très souvent relevée pour donner un air un peu effrayant. *« Genre la Mort, quoi. »*
La casquette, essentielle, peut être portée en dessous de la capuche. La visière, qu'elle soit en avant ou en arrière, se doit toujours de respecter une inclinaison à 70°. *«Sinon ça fait bouffon.»*
La banane en cuir portée à la ceinture reste idéale pour transporter ses effets personnels : boulette de shit, feuilles à rouler, Gsm et feutre poska *«pour faire des gueuts[2], poser mon gros blaze[3] dans le reur[4] et teuyer[5] le tien bâtar».*

JOGGING DIY[6]

La jambe relevée serait un hommage des Noirs américains à leurs ancêtres esclaves, cette pratique ferait référence au pantalon qu'ils étaient forcés de retrousser pour attacher leur boulet.

---

1 Voilà typiquement ce que dira le Bcbg et ce que pensera très fort le bobo à la vue d'une caillera.
2 Verlan de tags : graffitis.
3 Son surnom de tagueur, ex. : ☦ℱ☿.
4 Réseau express régional d'Île-de-France desservant Paris et son agglomération (RER).
5 Teuyer : action de barrer le blaze de quelqu'un d'autre par provocation.
6 *Do It Yourself*, pratique de bricolage vestimentaire héritée du punk.
7 Je lui fais l'amour.

SNCF

à composter

Classe **2**

Billet

Utilisable du 17/10/2016 au 16/12/2016

Départ : **SARCELLES ST BRICE**
Arrivée : **PARIS GARE ST LAZARE**

TARIF NORMAL

01 Adulte

Prix

€ ****3.60**

000015674 PT00 KM0147 FRGMU B73A54 17/10/08 CB

KÄRCHER

C'est en 2005 que le mot fait sa véritable entrée sur la scène médiatique. Nicolas Sarkozy, alors ministre de l'Intérieur en visite à Argenteuil dans le Val-d'Oise, a la bonne idée de déclarer devant les caméras: «Vous en avez assez de cette bande de racailles ? Eh bien on va vous en débarrasser !»

S'ensuivirent émeutes et voitures brûlées, avivées par une sombre histoire de Kärcher. Ces péripéties nationales largement rapportées par les médias contribuèrent à l'élection de ce *«bouffon d'sa race jlui casse un bras jlui pète les dents sa meuf jla bouillave[7]»*.

SAUVAGEONS

La «bande de racailles» de Sarkozy n'est pas sans rappeler les «sauvageons» de Jean-Pierre Chevènement qui, en 1998, rattrapa maladroitement sa bourde en soutenant que le sens premier du mot parlait d'«un arbre non greffé» et non de jeunes foufous en pyjama.

Injure ou pas, l'expression «caillera» est devenue progressivement le référent de choix pour évoquer ces êtres qui, il faut l'avouer, mettent plus d'une mamie mal à l'aise dans le métro.

Vous n'entendrez d'ailleurs jamais un jeune dire qu'il a croisé un groupe de «jeunes de banlieue» dans la rue. Ou alors c'est un jeune de soixante-cinq ans.

La légende voudrait que le geste de rentrer une jambe de son jogging dans la chaussette soit à l'origine employé par les dealers pour signifier à leurs clients que la marchandise leur a été livrée. «*Cé bon là j'ai du rocco, du popo, du blackbombz[1].*» La véritable raison de ces gestes stylistiques demeure à ce jour inexplicable mais pourrait avoir un lien avec le vélo. «*Vazy cherche pas c'est not' leust[2], c'est tout, gars.*»

SATURDAY NIGHT CAILLE

Lorsque que la caille se met en «*mode fashion, façon sex*», elle porte blouson en cuir, polo Lacoste, jean Diesel et Stan Smith blanches. Il semblerait que cet uniforme jean-cuir-baskets des grands jours ait depuis quelque temps supplanté au quotidien le traditionnel jogging.

SAISONS

Pour faire face à l'hiver et son grand manteau de neige, la caillera porte une écharpe un peu râpée qu'il noue à la manière du supporter de football, une grosse doudoune un bonnet et des moufles. Sa démarche se fait moins oscillante, rapport au verglas. «*Vazy mitonne[3] pas trop non plus.*»
L'été, la caillera porte marcel et pantacourt. Rien n'indique cependant s'il est plutôt slip ou caleçon.

MARQUES

Sergio Tacchini, Nike, Diesel, Adidas, Kaïra Forever.

Suprême coquetterie : la caille fera toujours en sorte que ses vêtements fraîchement achetés restent neufs le plus longtemps possible. Contrairement au hippie chic, le mot vintage ne le fait pas du tout rêver, voire le dégoûte un peu. «*Vazy marche pas sur mes baskets j'te dis, elles sont toutes neuves bâtar.*»

DÉMARCHE

Singulière, la démarche de la caillera est reconnaissable entre mille : un peu bancale, mains dans les poches, elle repose sur un balancement chaloupé voire un léger boitement, les pieds en dedans à la Kayzer Söze[4]. Cette dégaine confère à la caillera une certaine autorité (c'est du moins le but recherché) en ce qu'elle suggère une blessure post-règlement de comptes. Cette pratique serait héritée des punks, qui aimaient eux aussi s'inventer ratonnades et séquelles en mimant l'homme blessé.

«Ils m'ont traité et jles ai défoncés les gars.»

ATTITUDE

Généralement adossée à un mur, un abribus ou une cage d'escalier, quand elle n'est pas en train de faire de la minimoto, la caillera affiche un air «*suspect comme l'arrière-salle d'un restau chinois[5]*». Une surproduction des glandes salivaires due à sa grande consommation de cannabis l'oblige-

---

1 Du marocain, du pollen, du black bombay : de la drogue.
2 Style en verlan.
3 Mitonner : raconter des «mythos» : mentir.
4 Personnage du film *Usual Suspects* de Byan Singer (1995), faux handicapé et vrai coupable ouh pardon je viens de vous dire la fin désolée t'as vu.
5 *In* «Au Summum», du 113, 2003.

rait à cracher à intervalles réguliers, et marquer de fait son territoire.

La caille a pour particularité d'émettre un bruit curieux avec sa bouche en inspirant bruyamment de l'air afin d'interpeller un semblable ou de saluer le passage d'une jolie fille[1].

Signe d'approbation ou simple tic : la caille fait souvent claquer sa langue, à la manière du dresseur qui appelle son cheval.

Farouche, la caillera a une tendance à la paranoïa aiguë, qui pourrait être à l'origine de certaines reparties discourtoises.

ENTOURAGE

La caillera évolue principalement en bande. Toute seule, elle est hostile mais inoffensive. L'effet meute lui donne des ailes et l'entraîne dans «*une course chaque jour un peu plus affolante à la transgression et à la provocation*[2]».

Sa bande, ses potos, wesh sa famille, ses gars, sont ses compagnons de fortune, «*compagnons d'infortune yo 1/2 check le mic*[3].»

QUOTIDIEN

La caillera occupe ses journées à traîner dans les cages d'escaliers, devant les immeubles de la cité ou dans les beaux quartiers de la capitale pour «*foutre le daawa*[4]».

CLICHÉS DE BÂTARDS

Si certaines cailleras oscillent entre petite délinquance et délits plus ennuyeux (braquage, homicide), la plupart s'en tiennent aux crachats sur la voie publique. Halte à la généralisation.

EXPRESSIONS TYPIQUES

La caillera est un poète. Il parle la langue des dieux.

«*Wesh la famille bien ou quoi*»

«Bonjour, membre de mon clan, comment vas-tu ? »

«*Si si*»

«Oui, c'est ça, tout à fait, absolument.» Peut également être une interjection comparable à «*Yo*».

«*Wesh keskia*»

«Que se passe-t-il ? »

«*Téma téma*»

«Mate mate.» : «Regarde.»

«*Saaaaaaaaaale*»

ne veut pas dire peu hygiénique mais «bien», étonnamment.

«*Vazy c'est du mytho*»

«Ce type raconte des salades.»

«*Vazy v'la l'trip 2 ouf !*»

«Je n'en reviens pas ! C'est dingue !»

« *J'te nick ta race*»

«Je vais m'en prendre à ta personne»

« *V'la la témon sérieu que je me suis fait*»

«Hou là là quelle émotion»

---

1 Le cas échéant, ce sifflement est généralement suivi d'un petit compliment : «*Eh, merveilleuse !*» mâtiné d'une légère pointe d'agressivité.
2 Charles Villeneuve, «Le droit de savoir», sur TF1.
3 Tentative personnelle de rap.
4 Faire des siennes.

DRAGUE

«*Hé Ma-de-moi-selle* (la caille articule toujours avec arrogance pour singer l'intellectuel). *Ah non désolé t'es trop cheum*» : «Mademoiselle ? Oh pardonnez-moi, j'ai dû faire erreur.»

«*Ma parole té trop bonne, vazy fais pas ta pute*» : «Mademoiselle, vous me plaisez, accordez-moi cinq minutes, j'ai à vous parler.»

«*Hé Ma-de-moi-selle, vous avez perdu quelque chose !*
-Hein, quoi ?
- *Votre sourire.*»

«*Vazy lâche moi ton 06*» : «Pourrais-je avoir vos coordonnées ?»

«*Vazy la tepu*» : «Quelle arrogance ! Vous ne vous prenez par pour une queue de cerise, vous !»

«*J'te bouillave quand j'veux*» : «Je pense qu'une histoire peut naître entre nous.»

«*Jte marave les sef*» : «Je vais vous faire découvrir des contrées lointaines et inconnues.»

FACE AUX FORCES DE L'ORDRE

«*Vazy bâtar j'sui mineur t'as vu ?*[1]» : «Je n'ai pas encore dix-huit ans, j'ai des droits.»

«*Conar fai péter mon avocat bâtar t'as vu ?*[2]» : «Je ne parlerai qu'en présence de mon avocat.»

«*Vazy fais gaffe j'vois une boîte de 6 là-bas*» : «Restez sur vos gardes, j'ai cru apercevoir un fourgon de police rôder dans les parages.»

BONUS

«*J'peux pas sortir ce soir j'te dis, chuis Alcatraz*» : «Je ne peux pas venir ce soir, mes parents m'ont privé de sortie.»

FILMS

Boyz'n'the Hood, Scarface, Usual Suspects, Le Parrain, Ma 6-T va crack-er, La Haine, Fast and Furious, Donnie Brasco.

« T'sais l'histoire d'un condé[3] ki infiltre des gangsters et ki kiffe. Pasque quand le condé y t'infiltre, y t'kiffe mon gars, y peut même plus t'poucave[4]. »

MUSIQUE

Du rap américain : les classiques Public Enemy, Wu-Tang clan, Dr Dre, Snoop Dogg et les contemporains Kanye West, Mod Def, Redman, du Dirty South. Du rap français : NTM, Rohff, Booba, Sefyu…

Parfois du r'n'b. «*Notons que le r'n'b qu'écoute la racaille de base n'a rien à voir avec le rhythm n' blues qu'il désigne à l'origine, mais se rapporte davantage à un incompréhensible mélange de rap et de sacrifice de chats[5].*»

Citons encore : «Ambiance Caillera» (Poison), «Caillera la muerte» (Salif), «Mon public est une caillera» (Sefyu) ou encore «Kaïra Kaïra» (Ghetto Fabulous Gang).

---

1 - 2 Selon l'éminente et toujours sérieuse plate-forme de désinformation en ligne *La Désencyclopédie*, paragraphe «Langage de la racaille».
3 Policier.
4 Dénoncer.
5 cf. *La Désencyclopédie*, paragraphe «Mode de vie de la racaille».

CAILLE AU FÉMININ

*« **Ta meuf, c'est une caille,
mec, elle est grave, mec**
Mais sérieux, tout l'monde en
a marre, mec*
**Elle se comporte comme le
pire des mecs**
*Elle s'la pète, elle met des
coups d'tête et des balayettes*
**En Stan Smith et 501 serré
(...)**
*Elle pisse debout en chantant
« Le crime paye »
(Et ses dents en or, on croit
qu'elle va nous bouffer)*
Elle dort avec ses pitt' et ses rott'
*Dans la cuisine, elle organise
des combats de coqs*
**Elle est fonce-dé, fais gaffe à
son Crew, le lady Unit**
Gilets pare-balles et tatoo
**Pire que les Crips et les
Bloods, elles ont toujours les
boules**
*C'est pas les Pussycat Dolls,
elles, elles te coupent les
couilles (Aïe ! C'est chaud !)*
**Et l'autre jour, on m'a volé
mon blouson**
*J'dis pas qu'c'est elle, mais
putain, j'ai des soupçons*

Refrain
*Ta meuf, c'est trop une caille-
ra (Ohohoh..)
Ta meuf, c'est trop une caillera (Ohohoh..)[1] »*

QU'EST-CE QU'UNE FAUSSE CAILLE ?

C'est une racaille à la *« street credibility »* plus que douteuse quand on sait qu'elle habite majoritairement les beaux quartiers de la capitale et qu'elle est loin de galérer. Vraie schizophrène, la fausse caille s'approprie les codes (rap, tag, graph, slam, verlan) et les souffrances de la banlieue, allant jusqu'à scander les refrains rap en vogue en se sentant réellement exclue de la société. La fausse caille, au fond de son cœur, reste convaincue qu'un Noir du ghetto sommeille en elle. Déficit de virilité ou homosexualité refoulée serait à l'origine de ce genre de comportements.
Ex : Sevan (fils d'Henri Verneuil, ancien candidat de la Star Academy), Matthias aka Rockin' Squatt, frère de Vincent Cassel et chanteur du groupe de rap Assassin, Mathieu Kassovitz et Mosey aka Pierre Sarkozy, producteur de rap.

---

1 « Ta meuf », Faf Larage, 2007.

Dark disc jockey, le vestaire de Rabih compte autant de pantalons en cuir que de T-shirts fluos.

ELECTRO ROCK

PERFECTO, SKINNY EN CUIR, LE STYLE ELECTRO ROCK APPARU
À L'AUBE DU NOUVEAU MILLÉNAIRE CONVOQUE NEW WAVE,
PUNK ROCK, HEAVY METAL ET MÊME UN PEU DE SOUKOUSS DES FOIS.

SOCIOTYPE
Éminent membre de la branchitude française, l'electro rock traîne souvent avec des filles à franges arty, des djs underground et des illustrateurs dans le vent.

PROFESSION
L'electro rock travaille généralement dans le domaine musical. Il peut être booker ou programmateur de salles, membre d'un groupe ou posséder un label. Il est aussi graphiste et vidéaste à ses heures.

POP CULTURE
Comme l'arty looké-décalé ou le dandy, l'electro rock aime la culture populaire. Son snobisme à lui, c'est d'avoir un disque de Guy Marchand et de bassiner tout le monde avec le génie musical de Zouk Machine.

« Attends, t'as déjà entendu la ligne de basse sur "Maldon" ? C'est énorme. »

MUSIQUE
Genre hybride qui mélange la new wave au punk rock, l'electro rock utilise force synthétiseurs, boîte à rythmes et samples. Parmi les groupes phares de l'electro rock, citons :

Justice, MGMT, **The Klaxons,** CSS, **Midnight Juggernauts,** Daft Punk, **Calvin Harris,** Le Tigre, **Does it Offend You Yeah,** Hot Chip, **Lcd Soundsystem,** Yuksek.

Electro pop, electro clash, nu rave, dance pop, synthpop, style croix gothique rock branchaga, heavy metal fluo sont autant de genres musicaux cousins de l'electro rock.

slim
+ **T-shirt de groupe**
+ chemise à carreaux
+ **longue et fine écharpe**
+ blouson en cuir / veste en jean
+ **baskets / Converse / bottines**

Les labels favoris de l'electro sont DFA, Ed Banger, Kitsuné, Record Makers, Versatile Records, Pop Corn Lab.

STYLE

Biker chic, son style mêle la garde-robe de Motörhead[1] à celle d'Hedi Slimane.

Poils : Rouflaquettes, favoris, bacchantes, moustache, grosse barbe.

Disciple du Ridicool 2, comme son cousin le looké-décalé, son style repose sur un principe de clin d'œil. L'electro rock aime le second degré (les T-shirts de metalleux, les bijoux de black metal).

Marques : Surface 2 air (ligne dessinée par Justice), Six Pack (collection de T-shirts dessinés par Gaspirator alias Gaspard Augé de Justice).

OÙ LE CROISER ?

Dans tous les endroits branchés de la capitale :
chez Régine,
au Baron,
au Paris-Paris,
chez Moune,
au Palais de Tokyo,
au Pop In,
chez Rosa Bonheur,
à la Boule Noire,
aux soirées Panik à l'Élysée Montmartre,
à la Flèche d'Or,
au Festival des *Inrocks* (enfin, s'il a réussi à choper des invitations).

PARENTS PROCHES

Arty, gouine à mèche, fluokid, bobo.

FILMS

Tous les films de Carpenter (pour la musique).
De Dario Argento (pour la musique).
Cannibal Holocaust (pour la musique).
La Chèvre (pour la musique).

---

1 Groupe britannique de heavy metal fondé en 1975.
2 Ridicule + cool : ridicool.

Élodie cache son mal de
vivre derrière une mèche
savamment effilée.

NÉOGOTHIQUO-PUNK, DARK PIKACHU[1], CET ÊTRE SENSIBLE ET DÉLICAT EXPRIME LA DIFFICULTÉ QU'IL A À S'ÉPANOUIR DANS CE MONDE ATROCE EN ARBORANT COULEURS SOMBRES, COIFFURE COMPLEXE ET YEUX MAQUILLÉS.

EMORIGINES

L'appellation emo d'origine contrôlée provient d'un sous-genre dérivé du punk hardcore : l'emocore, simple contraction de *emotional hardcore*[2]. Né au milieu des années 80 à Washington DC, le style emo est le fruit d'un tournant musical retentissant : l'évolution du son metal hardcore (jusque-là limitée au *noise*[3]) vers un tempo plus lent, doublé d'une accentuation emphatique des sentiments et de l'émotion. La recette de cet hardcore mélodique fait succès et l'été 1985 est aussitôt baptisé *Revolution Summer*. Le genre évolue progressive-ment vers une version plus sombre et chaotique, le screamo[4], qui voit le chant se rapprocher plus du sacrifice de jeunes porcs que de la voix humaine.

L'emocore atteint son apogée dans les années 90 avec des groupes comme Jimmy Eat World, Promise Ring, Rites of Spring et Embrace, tous mus par l'éthique DIY issue du punk, qui revendique une customisation du style et de la musique. Celle-ci donne à entendre «un rock à la fois dur et mélancolique enveloppé de voix masculines caractérisées par une prononciation étrange-ment flatulente des voyelles[5]». Qu'importe, le mouvement emo rencontre le grand public et fait son entrée dans les médias. Fini l'underground et bonjour le mainstream : les groupes pionniers qui ne supportent pas ce coup de pro-jecteur commencent à rejeter l'appellation emo.

«*emo mwa ? Tro pa, désolé ☺*»

---

1 Personnage du jeu vidéo japonais Pokemon et mascotte officielle de la franchise.
2 «Hardcore émotionnel» en français.
3 Musique bruitiste rock.
4 De l'anglais *to scream* : crier.
5 David Kamp et Steven Daly, *Le Dictionnaire snob du rock, op. cit.*

EMO : AIMANT À ADOS

En 2003, le public découvre grâce aux dernières compositions du chanteur Chris Carraba, ancien leader du groupe Further Seems Forever, une nouvelle écriture emo, noyée d'émotions personnelles, où il est question d'amour qui fait mal et de larmes qui coulent, contrastant singulièrement avec des paroles habituellement plus obscures et complexes. L'emo devient un genre prisé des ados et des post-ados dépressifs qui se reconnaissent dans des textes tels que « *Tu pourrais me trancher la gorge et dans mon dernier souffle je m'excuserais d'avoir saigné sur ton chandail*[1] ».

Le style associé à la musique se démocratise à son tour et finit d'achever le caractère confidentiel de la musique emo.

> ### *« emo mwa ? ah nan jcrois pa mec, tu fé ereur »*

GROUPES EMOS

(liste non exhaustive)
Good Charlotte
Drop Dead Gorgeous
Death Before Disco
Everytime I Die
Bullet for My Valentine
Underoath
Bring Me the Reason
Kill Switch
Et autant de noms qui chantent la vie.

STYLE

Le style emo est récupérateur. Il convoque tour à tour des éléments de la garde-robe rock, gothique, punk, ska, new wave, glam trash et visual kei[2]. Pour ce qui est de la tenue en elle-même, l'emo porte volontiers un jean slim, voire skinny, c'est-à-dire un pantalon seconde peau, un T-shirt coloré à motifs morbido-mangas (comme le T-shirt *ribs* qui représente les os de la cage thoracique, soulignant la conscience aiguë que l'emo a de la mort et de la vanité de la life) et un gilet à capuche (le hit étant bien entendu le gilet à capuche violet American Apparel). Aux pieds, l'emo est chaussé de Creepers, de Converse ou de slip-on Van's (mi-chaussons mi-baskets à damier) évoquant des origines proches du mouvement skateur.

EMOGIRLS

Elles optent soit pour un look androgyne reprenant les codes vestimentaires des garçons, soit pour un look très féminin, chaussures à talons, robes années 50, nœuds en velours dans les cheveux, bijoux en pagaille, très soubrette de l'enfer.

> ### Ses dehors macabres tendraient à faire oublier que l'emo a rarement plus de quinze ans et qu'il emploie l'expression « *cé tro mignon* » mille fois par jour. « *Cé tro mignon ton porte clé avek 1 chien dé k pité dessu.* »

---

1 « I'll do what I got to, the truth / Is you could slit my throat / And with my one last gasping breath / I'd apologize for bleeding on your shirt. »
Taking Back Sunday,
« You're so Last Summer », 2002.
2 Style vestimentaire japonais particulièrement excentrique.

LE TOTAL LOOK

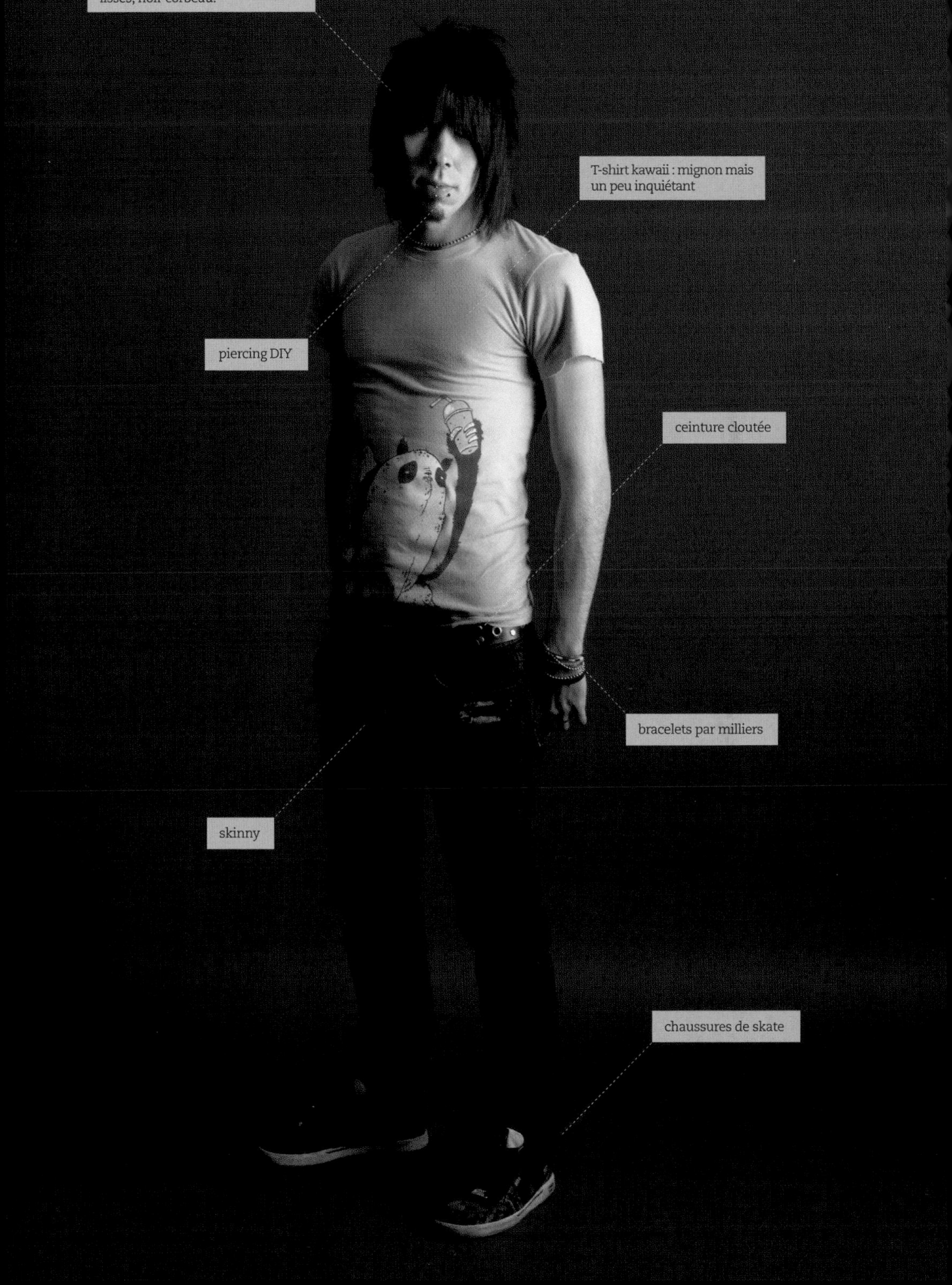

coiffure à la japonaise : cheveux lissés, noir corbeau.

T-shirt kawaii : mignon mais un peu inquiétant

piercing DIY

ceinture cloutée

bracelets par milliers

skinny

chaussures de skate

Coiffure : le dénominateur commun est la mèche. Celle-ci se doit de recouvrir le visage, un œil tout au moins. La coupe noir corbeau effilée, très Tony&Guy des débuts, est parsemée çà et là de mèches de couleur blonde, rose, rouge ou violette. Le cheveu doit être lissé à la japonaise et peut même être crêpé à l'occasion, voire teint en motifs zébrés. Signalons que l'emo, par souci de perfection capillaire, a souvent recours aux extensions. « *Cé tro mignon té rajouts.* »

Rituel de passage obligatoire, la coiffure entre amis vient fédérer la communauté. C'est lors d'ateliers coiffure-piercing que l'on se découvre un entendement commun où l'on peut, entre deux sessions de fer à lisser et de forage sans anesthésie à l'épingle à nourrice, échanger sur le jour béni de ses dix-huit ans où l'on n'aura plus à cacher ses piercings ou la mauvaise note que l'on a eue en SVT[1].

EMOFRANCE

Selon une source emo croisée à Bastille - épicentre du phénomène - et spécialiste revendiqué certifiant être là « *depuis le début* », le mouvement emo serait apparu à Paris en 2005, incarné, dans un premier temps, par un petit comité de personnes, fans de la musique et du look. Puis « *des groupies, des wannabe et des fakes*[2] » se seraient greffés et auraient causé une regrettable popularisation du mouvement qui n'aurait eu de cesse de le mener à sa perte.

---

1 Sciences de la vie et de la terre, anciennement connu sous le nom de biologie, « biolo » ou « bio ».
2 Imposteurs. Se prononce [fèke]. De l'anglais *fake* : faux.

EMO & GOTHIQUE : UN AMALGAME À ÉVITER

«Emo : like a goth. Only a lot less dark and much more Harry Potter[1].»

Si le béotien persiste à confondre emo et gothique, cela lui est facilement pardonnable : les similitudes sont en effet nombreuses. Cependant quelques subtiles différences demeurent.

	Emo	Gothique
Style	Allure androgyne, vêtements près du corps comme le slim	Allure majoritairement hétéronormée malgré un recours chronique à l'eye liner, vêtements amples qui volent au vent
Coiffure	Cheveux courts, lisses, avec grande mèche latérale	Cheveux longs et emmêlés
Musique	Metal	Palette musicale plus variée : metal, mais aussi new wave, cold wave, electro wave et batcave
Philosophie	Sensiblerie en tous genres	*Dark sadism* : fascination pour les ténèbres et l'enfer

1 «Emo : gothique moins sombre et plus proche d'Harry Potter», *Urban Dictionary*, définition de Lockesly, 6 avril 2004 (www.urbandictionnary.com).

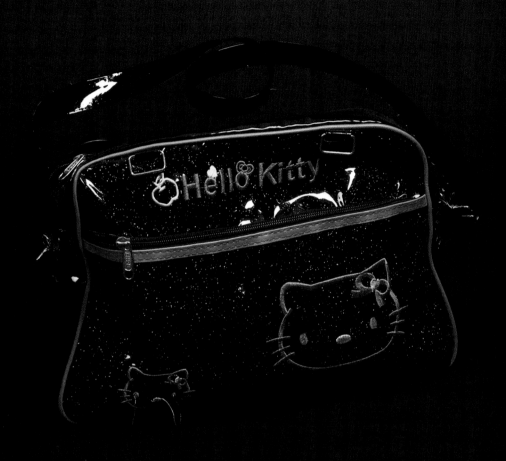

ACCESSOIRES

Garçons et filles se maquillent, le teint est pâle, les yeux cernés de noir, la bouche rouge, les ongles peints. Le visage est orné de piercings : dans le nez, les oreilles, la langue, le sourcil, sur et tout autour de la bouche. Beaucoup d'accessoires liés à l'enfance, de peluches, de mangas japonais et de bijoux fantaisie peuplent leur univers.

EMO FAKE & TRUE

Au cœur du mouvement emo sévit une terrible lutte intestine entre les authentiques et les pâles copies. S'il y a bien une chose que l'emo abhorre par-dessus tout, ce sont ces pathétiques avatars appelés fakes : entendez les suiveurs sans personnalité qui commettent l'outrage de s'habiller comme lui. Lassé d'être confondu avec ces «*boufon fashion*» qui n'entendent rien à la philosophie emo et souillent l'identité même de la tribu, l'emo en est presque à vouloir changer de nom.

COMMENT DISTINGUER LE VRAI DU FAKE ?

Attitude : le vrai emo, «posé», tout en retenue, évoque à voix basse et avec pudeur ses tourments. Le fake, à la personnalité surfaite, joue sur l'aspect morbide et suicidaire de la musique, hurle «*Je vais maaaaaal*», exhibe ses scarifications, boit trop, vomit.

Style : le fake multiplie les fautes de goût - ardues à percevoir pour le non-initié - comme une accumulation de rayures ou un mélange indigeste de styles.
«*nan mé lui avek sa crêt' rouge et son kilt i il é tro punk pour être emo vazy le fake*»

Musique : inculte, le fake ne connaît rien aux fondamentaux emos et aime en secret Tokyo Hotel et Indochine.

Egotrip : «*le problèm dé fakes c k'ils veule tous être dé famous*» On l'a compris : le fake voue un culte quasi pathologique à sa personne et à son apparence dans le but d'accroître sa popularité.
«*mé surtou le fake parl 2 fake tout la journé, donk cé grav 1 fake kwa ! mdr lol*» Autrement dit, c'est parce qu'il parle continûment d'imposture que l'imposteur se trahit.

Sexualité : fidèle à l'adage du grand producteur de frites McCain selon lequel «c'est ceux qui en parlent le moins qui y pensent le plus», le fake, à force d'afficher ses pseudoconquêtes et de bassiner tout le monde sur «*coman il é grav gay*», laisse supposer qu'il est un faux bi et un vrai hétéro.

Langage : le fake, victime de la tendance kikoolol[1], nuit à l'authenticité emo, de tradition littéraire. Trop de myspace, de msn, de textos, overdose de «*té tro stylé té le plu bo dé émo*», pas assez d'Anne Rice.

Que se passe-t-il lorsqu'un emo se fait traiter de fake ? Le cas échéant, l'emo use, dans la plus grande tradition africaine du «céçuikidikilé», d'une repartie cinglante : «*cé twa le fake*».
Pour mieux comprendre la problématique fake, il est impératif de visionner sur les plates-formes de vidéos en ligne Youtube ou Daily-motion le sitcom *Famous Love*, parodie du mouvement emo qui narre les histoires palpitantes de Pierre et Félicia, le visage tout plein de mascara tellement ils ont pleuré.

---

1 Nom donné au langage de jeune, reposant sur une écriture phonétique démocratisée par l'usage du SMS du type : «*Kikoo té tro sympa lol*», en d'autres termes : «*Coucou, t'es sympa, (rires).*» (Cf. en fin d'ouvrage : Le Kikoolol)

L'EMO ET L'AMOUR

Une grande tendresse règne au sein de la communauté. Beaucoup de câlins et de caresses entre amis, et une pratique frénétique de l'emokiss : ce baiser sulfureux échangé entre garçons ou entre filles, généralement pris en photo et diffusé sur Internet. Les emos s'aiment et revendiquent une sexualité décomplexée et libertine. Ils sont souvent ouvertement bisexuels. Être hétéro nuit à la crédibilité emo.

L'EMO ET L'INTERNET

Enfant de l'Internet, l'emo communique beaucoup sur lui-même. Skyblog à sa gloire et à celle de ses amis, chasse au *fake*, partage de vidéos, *chats*[1] sur MSN : l'ordinateur est l'outil de communication numéro 1 de la communauté.

OÙ CROISER UN EMO ?

Les emos se retrouvent tous les samedis à Paris aux abords de la place de la Bastille : sur les marches de l'Opéra, au port de l'Arsenal et rue Keller (haut lieu de shopping emo) pour vaquer à leurs emoccupations :
diffusion de ragots,
roulage de pelles,
fumage de clopes,
écoute des groupes préférés,
déprime collective.
C'est ici que les numéros de portables s'échangent, que les amitiés se nouent, que les mèches s'emmêlent.

SURNOMS FAKE

Emo bang-bang : fakes «*qui se la pètent suicidaires*» (flingue collé sur la tempe).
Emo bling-bling : fakes riches, emos de droite.
Pooky, Yoshi : fakes fans de manga qui émettent des bruits étranges de personnages de jeux vidéo, à mi-chemin entre le kawaii[2] et l'emo.

L'EMO ET LA FAMILLE

Pas facile d'être accepté par ses parents quand on est un garçon qui se maquille. L'allure androgyne est souvent un facteur de dispute entre adolescents et parents inquiets de la sexualité trouble de leur enfant et de l'univers morbide de la communauté. Beaucoup d'emos confessent s'être fait jeter de chez eux à cause de leur apparence.
La communauté souffre en effet de l'image peu reluisante du mouvement véhiculée par les médias qui laissent entendre que ces adolescents seraient tous mal dans leur peau et, bien entendu, suicidaires.
Pourtant, si certains sont à l'évidence plus fragiles que d'autres, les emos sont étonnamment bien dans leur slim.

Conscients que ce n'est qu'une passade, ils comptent bien ranger piercings et extensions le jour où ils seront «*vieux, vers vingt-cinq ans kwa*».

MDR ☺
Comment fait un emo pour changer une ampoule grillée ?
Il s'assied dans un coin et pleure.

---

1 Messagerie instantanée.
2 Cf. Kawaii.

EMOPHOBIE

L'apparence des emos est souvent sujette aux insultes, du «*sale gothique espèce de Tokyo Hotel*» au «*sale emosexuel pédé va*». Il faut donc avoir une certaine force de caractère pour braver les quolibets et persister à s'habiller comme on l'entend, surtout quand on habite en banlieue où la majorité des élèves de son lycée s'habille en survêtement. On peut, à ce titre, parler de courage emo.

Mitaines, bonnet oversized et veste en cuir : Daphné est prête à affronter les soldes presse.

FASHIONISTA

FURIE DÉCHAÎNÉE QUI COURT DE SOLDES PRESSE EN VENTES PRIVÉES, VICTIME CONSENTANTE DE LA FIÈVRE ACHETEUSE, LE CŒUR DE LA FASHIONISTA BAT AU RYTHME DES SAISONS DU PRÊT-À-PORTER. CET ÊTRE RECONNAISSABLE AU BRUIT DE SES TALONS QUI MARTÈLENT NERVEUSEMENT LE MACADAM À LA RECHERCHE DU DERNIER TREGGING À LA MODE COMBLE SON ANGOISSE DU VIDE À COUPS DE SLIM ET DE LOW BOOTS.

STYLE

Tout ce qu'il est bon d'avoir dans sa garde-robe selon le magazine *Elle* (sa bible), à savoir des basiques et des pièces d'avant-garde qu'elle saura savamment accessoiriser. La fashionista n'a de cesse de chercher à rassasier une armoire déjà trop remplie qui lui en demande toujours plus.
Sa garde-robe est nécessairement composée ainsi :
blouson en cuir,
tregging,
Levi's 501, slim, flare[1,]
low boots,
trench Burberry,
boyfriend jean[2,]
bottes à talons,
manteaux d'hiver de marque,
veste en tweed Chanel,
veste en fourrure,
combishort,
escarpins Louboutin,
ballerines Repetto,
lunettes de soleil oversized,
sac Hermès,
sarouels de toutes les couleurs,
de toutes les matières,
mitaines en cuir,
chapeau,
lunettes de vue sans correction,
nœuds papillons,
foulards,
badges, pin's, rubans, broches[3.]
Il est par conséquent assez rare de voir la fashionista habillée deux fois de la même manière.

---

1 Néo-pattes d'éph à la jambe plus large.
2 Jean quatre fois trop grand qui ne va qu'aux mannequins.
3 Notez que cette liste non exhaustive ne contient bien évidemment qu'un cinquième de la penderie de la fashionista.

DIALOGUE TYPE

« Magnifique ce pull !
- Merci soldes presse
Martine Sitbon 175 euros. »

BUDGET

Illimité. La fashionista ne regarde pas à la dépense. Mais aime faire savoir qu'elle paie ses habits bien moins cher que les autres.

Chez certaines, il est même d'usage de faire croire que leurs vêtements de marque proviennent d'une enseigne bon marché (H&M, Zara), juste pour voir la mine défaite de leurs amies. Mais, en réalité, la fashionista n'a pas d'amies à proprement parler, seulement des rivales. Ses vraies amies, en surpoids ou franchement laides, portent le nom de faire-valoir.

TEMPS FORTS DE L'ANNÉE

Les soldes presse,
les soldes,
les ventes privées,
les braderies,
la fashion week,
les fêtes de la fashion week,
Noël,
son anniversaire.

PHRASES PRÉFÉRÉES

« Oui, vous ne rêvez pas : ce pashmina est en solde. »
« Tenez, prenez donc un carton pour nos ventes privées. »
« Allez celui-là je vous l'offre, vu tout ce que vous avez acheté. »
« Vous avez de la chance, il ne m'en reste qu'un seul en 38 ! »
« C'est -50 sur les cachemires. »

« Vous êtes la seule à qui ce tregging va ! Charlotte Gainsbourg l'a essayé ce matin : c'était une cata, si je peux me permettre. »

« Je pense que le 38 est trop grand pour vous, vous devriez l'essayer en 36. »

PROFESSION

Rédactrice de mode,
journaliste dans la presse féminine,
attachée de presse,
assistante styliste,
employée d'un bureau de style.

PEURS

La fashionista angoisse de vieillir dès douze ans et redoute qu'on la croise dans un de ses rares mais possibles *bad hair days*[1].

---

1 Jour maudit où le cheveu n'en fait qu'à sa tête et mine la nôtre. Pour prévenir un *bad hair day*, il faut par exemple éviter de s'endormir les cheveux mouillés.

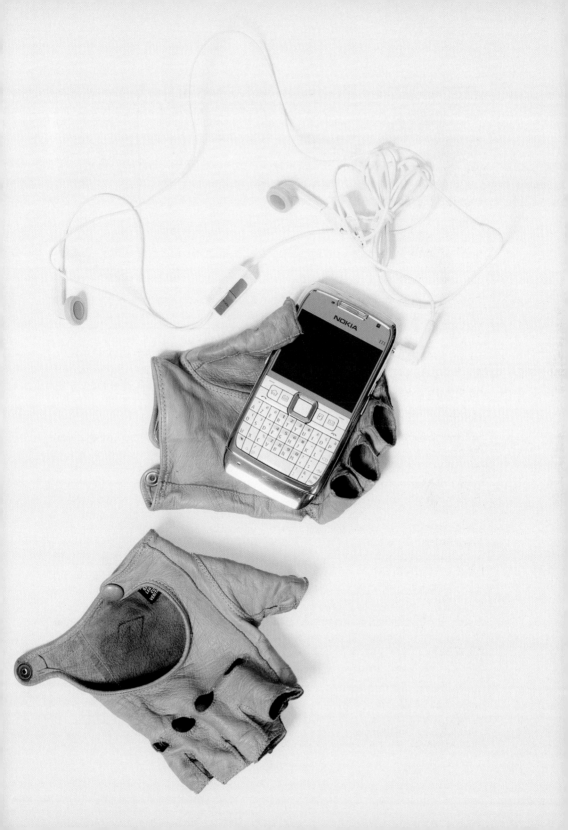

QU'EST-CE QU'UNE VENTE DE PRESSE ?
Braderie de luxe qui se déroule souvent dans un hangar d'une banlieue sinistre par -12 °C, les ventes de presse[1] restent un mystère aux individus non sensibles[2] et une source infinie de questionnements métaphysiques. Pourquoi ces filles font-elles la queue dans le froid à 8 heures un samedi matin, souvent au bord d'accoucher ou accompagnées de leur nouveau-né tremblotant ? Que se passe-t-il à l'intérieur ?
Eh bien, c'est une espèce de zone sinistrée, jonchée d'habits en boule et de chaussures dépareillées, peuplées de femmes dans un état second qui n'ont de cesse de fouiller des tas de tissus informes.

LA FASHIONISTA AUX VENTES DE PRESSE
Trois attitudes sont à distinguer :

1/ L'hystérica arrive deux heures avant l'ouverture des portes de la braderie pour s'assurer d'être bien la première à écouler le stock de low-boots en 38. «*Ah ah, on m'la fait pas à moi.*»
Dès l'ouverture des portes, l'hystérica se rue vers les portants et prend tout sans vraiment regarder (elle connaît la collection par cœur). En cinq minutes c'est plié.

2/ La pathética prétexte d'être enceinte de six mois pour griller toute la queue.

En plus de son sac et de son manteau, c'est véritablement sa dignité que la pathética laisse au vestiaire.

On peut la voir arpenter nerveusement les portants, en string, essayant tout, les mains tremblantes, monopolisant la seule glace disponible, au bord de la tachycardie.
Attention à ne pas la provoquer : la pathética peut en venir aux mains si vous avez le malheur d'essayer quelque chose de son tas ou l'audace de saisir ce manteau qu'elle s'apprêtait à enfiler. «*LAISSEZ-MOI CE TRENCH JE L'AI VU AVANT VOUS LAIIIIIIISSEZ-LE MOIIIIIII !*»
Cinq heures plus tard, la pathética repart chargée de sacs, et grille une nouvelle fois la queue pour la caisse en prétextant cette fois qu'elle a perdu les eaux.

---

1 Notez que la vente de presse n'a rien à voir avec la vente privée qui se déroule en magasin et concerne la collection en cours. La vente de presse mélange plusieurs collections et n'a pas peur de vendre des prototypes honteux dans des endroits tristounes et excentrés mais à des prix nettement plus intéressants.
2 Cf. No look.

3/ La récessionista prend les pièces les plus commerciales pour les revendre sur Ebay le soir même à un prix scandaleux. Certaines vont jusqu'à vendre leur propre carton d'invitation.

FILMS
Le diable s'habille en Prada,
Sex and the City,
Pretty Woman (pour la séance de shopping sur «*Rodéo Drive, ma poule*»).

BLOGS
Garance Doré,
Fonelle,
Café mode.

PHRASE CULTE
À un videur qui lui refuse l'entrée des soldes presse car elle a perdu son carton : «*S'il vous plaaaaaaaaaaaaît*» (mains jointes + petite tête d'enfant).

IDOLES	PARENTS PROCHES
Mademoiselle Agnès,	La modasse (souvent son meilleur ami),
Alexandra Golovanoff,	l'arty,
Sarah Jessica Parker,	le looké-décalé,
Kate Moss,	la lolita (fashionista en puissance),
Marie-Antoinette.	le néodandy.

Symphonie de couleurs, danse des motifs : la tenue idéale pour faire trembler les dance floors.

ENFANT DE LA SUPER NINTENDO ÉLEVÉ AUX CHOCAPIC, LE FLUOKID
A OPÉRÉ CES DERNIÈRES ANNÉES UNE VÉRITABLE RÉVOLUTION
COLORÉE, À GRANDS COUPS DE SMILEYS¹ ET D'IMPRIMÉS IMPOSSIBLES.

FUN

Lassé d'appartenir à cette génération à laquelle on n'a eu de cesse de
rabâcher qu'elle était celle, maudite, du chômage et du sida, le fluokid
a trouvé une réponse vestimentaire
et comportementale de circonstance : le fun. Finie la grisaille, place au
bonheur aveuglant et criard.

FLUORIGINE

L'origine du mouvement fluokid est
avant tout musicale. Issu du courant
autoproclamé « nu rave » par le groupe
anglais The Klaxons, cette fusion de
disco, d'electro, de dance-punk² et de
Madchester³ s'inscrit dans la tendance electro pop et clubbin' des années
2000. La nostalgie des raves des années
90 et de la culture laser vient souder la
communauté fluo dans un joyeux revi-
val de la fête de masse : désertant les
hangars désaffectés pour investir les
clubs, cette nouvelle génération staby-
lobossée⁴ conjugue danse et drague.

ÉTYMOLOGIE

La légende voudrait que ce soit la chanson « Fluorescent Adolescent » des Arctic Monkeys qui ait inspiré la tribu.

GÉNÉRATION INTERNET

Le mouvement doit son nom à un
blog musical⁵ monté de toutes pièces
en 2005 par un collectif d'étudiants
français qui réunit journal intime,
jolies filles aux habits flashy et télé-
chargement d'electro ultrapointue.
Très vite repérés par Pedro Winter,
manager du groupe Daft Punk et cool
parmi les cools, les fluokids se retrouvent propulsés sur le devant de
la scène et invités à mixer dans toutes les soirées branchées de France et
de Navarre.

Depuis, les fluokids poursuivent l'aventure avec leur label Fool House et continuent de partager quotidiennement
leurs pépites musicales.

---

1 ☺
2 Genre musical qui combine les rythmes de la musique électronique avec le punk rock, proche
de la new wave, de l'electro clash et du synthpop.
3 Genre musical caractérisant les groupes ayant en commun leur origine géographique (Manchester)
et leur goût pour le mariage de différents styles musicaux (notamment le rock et la house).
4 Aux couleurs du célèbre feutre Stabylo Boss connu pour ses teintes fluo.
5 http://fluokids.blospot.com/

Indispensables pour le jump
et la bounce, les baskets sont
au fluokid ce que le PC est
au nerd.

STYLE

Cette allure survitaminée à l'esthétique 8-bit[1] mélange vestiaire 80's et 90's à une mode streetwear plus classique, pour un look acidulé qui fait parfois mal à ma tête. Il n'est somme toute pas très éloigné du look *fruits*[2] très populaire au Japon.

Code couleur : jaune, rose, vert, bleu, orange, violet, or, argent.

Tenue typique : T-shirt fluo oversized, sweat sérigraphié, tregging en vinyle, leggings, collant imprimé, hoodie (pull à capuche), doudoune, K-way.

Matières : lycra, néoprène, vinyle.

Marques : cassette Playa, American Apparel, Bernhard Willhelm, Romain Kremer, Jeremy Scott, Andrea Crews.

Accessoires : gadgets en plastique (barrettes, pendentifs en forme de pistolet à eau ou de cassette, bracelets, montres fantaisie), lunettes blanches à montures fluo, sac de sport, casquette.

Chaussures : essentiellement des rééditions de baskets fluo des années 80.

« Tout ce que vous n'auriez jamais osé porter en 1984[3] » est sur le dos du fluokid.

FLUOSPEAK

Pour cet enfant au bout des doigts carrés, l'Internet reste le principal outil de communication. Le fluokid peut passer des heures avec ses potes de Myspace sur MSN pour dire que jamais il n'ira sur Facebook. Son clavardage[4] est celui de la messagerie instantanée, des *chats* : le fluokid (à l'instar de l'emo, du jeune jah-jah et du tecktonik) parle un sociolecte phonétique des plus singuliers : le kikoolol[5].

FLUOMUSIQUE

Yelle, The Klaxons, TTC, CSS, LCD, MIA, Slimy, Arctic Monkeys, Mies, Black Suns, Sly and the Gays, Hot Chip.

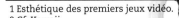

---

1 Esthétique des premiers jeux vidéo.
2 Cf. Kawaii.
3 www.mesimagesquiibougent.tyepad.fr
4 Clavier + bavardage = clavardage.
5 Cf. Kikoolol.

Cheveux courts, œil de lynx
et veste en cuir : bienvenue
chez les GAM.

GOUINE À MÈCHE

REINE DU CLUBBIN' ET ENFANT DU PULP[1], LA GOUINE À MÈCHE RÈGNE SUR LE MONDE DE L'ELECTRO ROCK DEPUIS L'AN 2000. T-SHIRT TENDANCE, BASKETS DE POINTE ET MÈCHE ANDROGYNE, LA GAM EST RÉSOLUMENT COOL.

STYLE

Mélange de streetwear et d'electro rock, le style GAM repose sur des codes androgynes : jean slim, dunks (Nike montantes), casquette, sweat à capuche, polo Fred Perry, pantalon et veste Carhart. Les jours de fête, la GAM peut migrer vers un style plus rock et totalement faire péter la veste en cuir et les derbys. La GAM ne se maquille jamais (ou s'octroiera, à la rigueur, du mascara pour une soirée déguisée), aime les tatouages et les piercings.

Ses cheveux sont courts, sa mèche de rigueur, dans une ambiance coiffée-décoiffée savamment étudiée.

SEXY SHANE

Dégaine androgyne, coolitude indéniable, la GAM est en quelque sorte la cousine française du personnage de Shane dans *The L Word*[2] à la « *nipple confidence*[3] » telle qu'elle lui vaut d'emballer tout ce qui bouge. Shane a démocratisé le look boyish-mèche sexy et rock'n'roll attitude, contrastant avec le casting lipstick et glamour de la série.

ATTITUDE

Si la GAM se reconnaît à ses hochements de tête de connaisseuse sur le premier morceau d'electro minimale allemande venu, c'est davantage à son air blasé qu'on l'identifie. Ne cherchez pas, s'il y a une fille à

---

1 Boîte de filles de la capitale.
2 Sitcom américain mettant en scène la vie de lesbiennes à Los Angeles.
3 Sa jolie poitrine fait autorité.

mèche qui fait la tronche dans une soirée, jaugeant la salle d'un regard désabusé, c'est elle.

Éternelle insatisfaite, la GAM vous dira toujours qu'elle a connu mieux - mais vous n'y étiez pas - et qu'à cette époque Dj Truc faisait pleurer les gens tellement il déchirait - mais vous n'en avez jamais entendu parler. Absence de sourire, indifférence affichée... pour dire vraiment les choses, la gouine à mèche se la pète pas mal. À ses yeux, le milieu, c'est elle.

ENTOURAGE

Pour ce qui est de ses fréquentations, la GAM s'entoure bien entendu de GAM et préfère la compagnie des hétérocools aux gays mainstream.

DRAGUE

La drague entre GAM obéit à des codes subtils. Il ne faut pas oublier que la GAM a reçu une éducation de fille et n'est pas censée draguer. Il lui faut donc avoir l'air le plus inaccessible possible.

Une gouine à mèche qui vous méprise de manière ostentatoire est un signe qui ne trompe pas : elle vous veut.

DRAMA GOUINE

Tromperies, ex en pagaille, mensonges, embrouilles du type : « *La fille que tu as embrassée n'est autre que l'ex de la meilleure amie de l'ex de la corres' allemande de la serveuse qui est en fait la sœur de la physio qui est l'ex de l'ex de ma coloc* », la GAM est la reine des prises de mèche. Bastons, pleurs, discussions à n'en plus finir, débriefs de débriefs, ragotages effrénés, on ne

s'ennuie jamais chez les gouines.

Une fois maquée, la GAM, à la différence de la gouine basique (qui opte pour la prise de tête en appartement), continue de sortir et d'imposer ses problèmes de couple à tout le monde.

GAM ET POLITIQUE

Si la GAM n'est pas connue pour son engagement politique, « *certaines sont même de droite !* », la majorité GAM a cependant des idéaux de gauche. Alors qu'il était jusqu'ici ringard d'être politisé pour une GAM,

---

« Pff, t'es minable avec tes affiches, en plus la police garamond 24 italique, ça fait province »

---

le militantisme, notamment à travers les questions queer et transgenres, est en train de devenir complètement tendance. Le badge des Panthères roses (association de lesbiennes et gays énervés par l'ordre moral) sur le revers de la veste en cuir serait même le dernier accessoire à la mode.

LE PULP

Impossible de parler de la GAM sans évoquer le Pulp, regretté établissement parisien qui, depuis 1997, conjuguait lieu de rencontres sexagénaires la journée sous le nom de L'Entracte, et devenait, la nuit tombée, la boîte de filles la plus überbranchée de la capitale.

Réservé aux filles le samedi mais ouvert à tous la semaine, connu du grand public pour ses mercredis artys et ses jeudis electro, le Pulp fut pendant dix ans un haut lieu de la coolitude, qui mélangeait gouines,

111

homos, hétéros et trans dans un esprit d'ouverture qui n'est pas sans rappeler celui du Palace. La musique y était pointue et éclectique, incarnée par les djettes Chloé, Jennifer Cardini et Sex Toy, mais aussi Manu le Malin, Ivan Smagghe, Scratch Massive, désormais figures incontournables de la nuit. Après une décennie de fête, le Pulp a fermé ses portes en juin 2007 pour devenir un parking, au grand désespoir des clubbeurs. C'est naturellement au Pulp que les GAM ont pris leurs racines de mèches.

Depuis, l'établissement jouit d'une aura légendaire. Se revendiquer du Pulp est devenu un symptôme de coolitude aiguë, particulièrement à l'évocation du bon temps, «*des afters qu'on se faisait là-bas à 6 heures du mat, putain maintenant laisse tomber le son pourri qu'on entend à Paris sérieux*».

Le fake qui se réclame du Pulp alors qu'il n'y est allé qu'une fois est, cela va sans dire, numéro un sur la fatwa GAM.

IDOLES	MUSIQUE DE GAM
Jennifer Cardini	Scream Club
Gossip	Tender for Ever
Le Tigre	Les Flaming Pussies
Chloé	Rythm King and her Friends
Robots in Disguise	Sexy Sushi
Chicks on Speed	The Knife
Hole	Peaches
Cansei de Ser Sexy	The Organ
Axelle le Dauphin	Grace Jones

LOISIR DE GAM
La GAM aime bien jouer au foot sur la Play Station 3 avec ses copines.

CULTURE GAM
Superstar, livre d'Ann Scott et bible du Pulp,
la photographe Nan Goldin,
l'artiste Dana Wise.

OÙ CROISER LA GAM ?
À Paris, chez Rosa Bonheur aux Buttes-Chaumont, nouvel établissement repris par les filles du Pulp, aux soirées Barbieturix, Clitorize et Wet 4 Me, le dimanche après-midi à la pétanque du bar Ourcq à Paris ou aux Souffleurs le dimanche soir, aux soirées Butch is beautiful.

En région, au Remorqueur à Nantes, à l'Imprévu à Toulouse, au Six à Nice.

À l'étranger, au Sonar, festival de musique électronique à Barcelone.

LESBIENNE OU GOUINE ?

Se considérer gouine plus que lesbienne, c'est retourner une insulte en signe de fierté. Contrairement au mot lesbienne à la sonorité pudique et aseptisée, le mot gouine, à l'instar de pédé, revendique une identité de lutte, un rapport de force, un orgueil, une volonté de s'affirmer et de rejeter la masse hétéropatriarcale et sexiste.

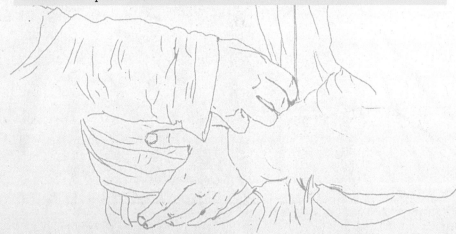

Dessin Cécile Billy

Rien de tel qu'un petit marcel
noir pour habiller ses muscles.

FAN DE SPORT EN SALLE, SOULEVEUR DE FONTE DEVANT L'ÉTERNEL ET ADEPTE DU DÉVELOPPÉ-COUCHÉ[1], LA GYM QUEEN NE VIT QUE POUR LA BEAUTÉ DE SON CORPS BODYBUILDÉ.

OÙ CROISER UNE GYM QUEEN ?
1. À la gym.
2. Au Queen[2].

STYLE
Le vêtement est avant tout un faire-valoir qui se doit de souligner la musculature. Toute gym queen qui se respecte aimera s'entendre dire : «*Wouaou trop beaux tes pectoraux !*» plus que «*Wouaou, trop beau ton T-shirt Kenzo !*»

À LA GYM
Marcel blanc, voire débardeur très décolleté proche de celui qu'arbore le culturiste, short, pantalon de sport fin. La gym queen attache une grande importance à ses sous-vêtements, généralement des boxers de marque Aussiebum ou 2xist.
Il peut porter aux pieds des baskets blanches à trois scratchs.

---

1 Idéal pour muscler ses pectoraux, ce mouvement de base fait également travailler l'ensemble du tronc. Il se pratique allongé sur le dos, une barre droite dans les mains, celles-ci écartées selon la largeur des épaules. Tendez les bras au-dessus des épaules. Pliez les bras et laissez redescendre lentement et progressivement la barre jusqu'à toucher la poitrine (sans la faire rebondir sur la poitrine, malheureux !). Remontez lentement la barre par extension des bras. Oui, ça fait mal.
2 Club parisien mythique, ancien rendez-vous de la nuit gay et désormais repère des Sunset Beach en tous genres.

AU QUEEN

T-shirt moulant, polo Fred Perry, Levi's 501 moule-paquet ou survêtement de sport, veste en cuir à doublure à carreaux, casquette.

SEXUALITÉ

Trop rapidement associé à la communauté homosexuelle, la gym queen est également présente chez les hétéros qui aiment s'occuper de leur body.

ACCESSOIRES

La gym queen de plus de trente ans porte généralement un tatouage tribal.
La gym queen de moins de trente ans porte généralement un tatouage japonais (fleurs + poissons).

COSMÉTIQUES

La gym queen fait des UV à tout âge.

POILS & CHEVEUX

La gym queen se rase intégralement ou entretient savamment sa pilosité en prenant soin, par exemple, de couper ses poils au ras de l'aréole pour ne pas qu'ils fassent de l'ombre à son téton.
La tenue préférée de la gym queen est celle d'Adam. C'est nu, ou à l'aise dans son slip, qu'il se sent le mieux.

GYM

La gym queen suit généralement un programme de musculation en deux étapes :
1. **Prise de masse** : programme d'entraînement spécifique avec charges lourdes et séries ou répétitions adaptées, la prise de masse « s'accompagne généralement d'un régime en protéines, reposant sur un équilibre calorique parfait entre lipides, glucides et protéines[1] ».

> **La gym queen doit veiller à son sommeil et se ménager des jours de repos pour faciliter la reconstruction et le développement musculaires.**

2. **Séchage** : « opération consistant à réduire l'épaisseur de la peau pour obtenir une définition maximale de la masse musculaire, afin de perdre le gras qui cache les muscles.
Cette phase de sèche ne se réduit pas à un régime calorique, mais se doit d'accompagner un programme d'entraînement spécifique.
Il s'agit de limiter les apports en lipides et en glucides au profit des protéines, tout en faisant travailler en force la masse musculaire.[2] »
Après ce programme, la gym queen est généralement musclée jusqu'aux yeux.

NOURRITURE

Viande rouge, stéroïdes, milk-shakes hyperprotéinés, blanc de poulet, omelettes de blanc d'œuf, coupe-faim, Gatorade, Jockey 0 %.
La gym queen ne boit pas d'alcool, à l'apport beaucoup trop calorique.

PROFILS

Flic, videur, agent de sécurité, mannequin, acteur, cascadeur, chômeur, intermittent du spectacle.

1-2 www.akelys.com

ANGOISSE

La gym queen a peur de vieillir, de grossir, de perdre de sa masse musculaire – mais elle redoute par-dessus tout que la gym soit fermée. Toutes ces craintes s'accompagnent d'une angoisse chronique face aux effets secondaires associés aux régimes hyperprotéinés (perte de cheveux, constipation, céphalée).

FAMOUS GYM QUEENS

Arnold Schwarzenegger, Hulk Hogan, Gérard le prof de sport du sitcom *Les Filles d'à côté*, Pascal Brutal, Ricky Martin, Marc Jacobs (passé de la modasse à la gym queen).

MUSIQUE DE GYM QUEEN

De la house qui tache, de la dance qui blesse.

SITE

bigmuscle.com

FILMS

Bigger, stronger, faster : documentaire de Chris Bell sur l'usage des stéroïdes chez les gym queens, *Conan le Barbare, Rambo, Rocky*.

À QUOI RECONNAÎT-ON UNE GYM QUEEN SOUS STÉROÏDES ?

À ses *bitch tits*, c'est-à-dire à sa gynécomastie. Un des effets secondaires de la prise de stéroïdes est en effet le développement excessif des glandes mammaires.

C'était comment sur l'île
de Wight ?

HIPPIE CHIC

L'HIPPIE CHIC ET SES TALONS COMPENSÉS EN LIÈGE N'EN A
VISIBLEMENT TOUJOURS PAS FINI D'ARPENTER LES RUES DE
FRANCE. PLUS PORTÉE SUR L'ACQUISITION DE SON PROCHAIN
SAC OVERSIZED QUE SUR LA PROPAGATION DE LA PAIX DANS LE
MONDE, L'HIPPIE CHIC A RÉCUPÉRÉ LE STYLE DE WOODSTOCK SANS
S'EMBARRASSER DE SON IDÉOLOGIE POUR AUTANT.

STYLE

Le style hippie chic énonce d'emblée un paradoxe saisissant : l'association de
deux mots par définition antithétiques aussi bien sur le plan esthétique (le
style hippie étant négligé et sale par définition, un hippie ayant au moins eu
la gale une fois dans sa vie) qu'idéologique (les hippies rejetant traditionnellement le consumérisme et le matérialisme, et affichant ostensiblement une
haine du bourgeois).

VESTIAIRE

La garde-robe hippie chic additionne vêtements de luxe et héritage vestimentaire parental du temps où Maman élevait deux trois chèvres dans le
Larzac avec un ami inca avant de se résoudre à épouser Papa qui faisait ses
débuts dans la finance.
L'uniforme se compose d'éléments du vestiaire oriental (tuniques vaporeu-
ses, pantalons bouffants type sarouel, gilets brodés de sequins, spartiates),
néoromantique (blouses roumaines, fleurs dans les cheveux, robes de nymphette évanescente), voire grungy-rock (minijupes ou shorts en jean, veste en
cuir, jeans slim, chandails informes, Converse).

Accessoires indispensables : bijoux et breloques en pagaille, sautoirs à foison, macramé, perles en bois, boots à franges de type Pocahontas et lunettes vintage oversized.

L'hippie chic ne se fournit donc pas uniquement comme elle aimerait le faire croire aux Puces, mais à des enseignes bien plus onéreuses, ayant pour fonds de commerce principal la récupération des codes vestimentaires de la contre-culture (hippie, grunge, punk).

L'HOMME HIPPIE CHIC
Barbe, cheveux longs, chemises à fleurs et chaussures à brides en cuir de type Jésus.

MUSIQUE
Herman Dune, Devendra Banhart, Coco Rosie et tous les fondamentaux du folk, du rock et de la country (Neil Young, Jefferson Airplane, Dolly Parton, Bob Dylan, les Doors).

L'INDE
Destination de choix pour l'hippie chic qui parle de «*révélation mystique*», de «*beauté des couleurs, des visages, de l'incroyable élégance des Indiens*», mais aussi de «*la violence, la pauvreté et tous ces culs-de-jatte que j'ai vus dans la rue, sans parler de ces bébés morts qui flottaient dans le Gange et ces Indiens qui continuaient à se baigner dedans*».

Et avouera quelques minutes après, et à demi-mot, avoir séjourné dans un hôtel de luxe, avec piscine à débordement et maxibuffet.

BOHO
Dernier mot à ajouter à son vocabulaire, le boho n'est autre que le bohémien de Soho, cousin américain de notre hippie chic national, qui comme lui mélange vêtements de grandes marques à fripes des années 70 mais parle hyperbien anglais par contre.

ICÔNES
Nicole Richie, **Vanessa Paradis et Johnny Depp,** Lou Doillon, **Sienna Miller,** Mischa Barton, **Devendra Banhart,** et, **désormais,** Ségolène Royal.

Mais que peut donc bien cacher Magali sous son foulard ?

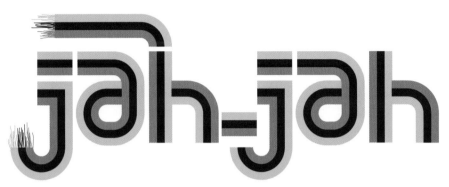

DERNIER SURVIVANT DE LA CULTURE HIPPIE, MILITANT MOU ET
ALTERMONDIALISTE NOTOIRE, CET ÊTRE SOURIANT AUX YEUX
ROUGIS PAR LE REGGAE ARPENTE LES RUES DE LA VILLE,
LES DREADS AU VENT, PRENANT SOIN DE NE PAS SE PRENDRE
LES PIEDS DANS SON PANTALON BOUFFANT.

JAH-JAH ?

Jah est le nom du dieu rastafarien[1], omniprésent dans toute chanson de reggae qui se respecte. Jah-Jah est par voie de fait le signe obsessionnel de cette appellation divine.

«Jah lives ! Children yeah !
Jah Jah lives ! Children yeah !
Let Jah a-rise[2]. »

C'est ainsi que jah-jah vient naturellement qualifier ces étudiants en sciences humaines adorateurs de Jah.

SOCIOTYPE

Généralement issu de la classe moyenne[3], le jah-jah est très porté sur les études. À ses yeux, c'est par la connaissance que ce monde malade trouvera son salut. Il n'est pas de fac de France qui n'abrite en son sein un de ces nids à dreads et à bindis. Le jah-jah y suit des cours de philosophie, de sociologie, de psychologie, d'ethnologie et d'anthropologie, quand il n'étudie pas les lettres modernes ou la médiation culturelle option cracheur de feu.

---

1 Mouvement rastafari : religion nationaliste noire d'obédience chrétienne originaire de Jamaïque.
2 «Jah vit ! Les enfants yeah !
Jah Jah vit ! Les enfants yeah !
Laissons Jah venir à nous.» (Bob Marley, «Jah lives», 1975).
3 Il n'est cependant pas rare de croiser chez les jah-jah quelques fils d'aristocrates égarés planquant une particule mal assumée derrière leurs dreads.

Il est présent en surnombre à la faculté de Nanterre, à l'université de Tou-
louse-Le Mirail, ou à l'École de la rue Blanche (École nationale supérieure
des arts et techniques du théâtre) à Lyon.

AVENIR JAH-JAH
Prof, instit.
Intermittent du spectacle : techos[1], zycos[2], electro[3].
Musicien, jongleur, clown, jardinier, aide-soignant, infirmier, fonctionnaire.
Aide aux personnes âgées.
Homme-statue à Montmartre.
Bénévole à La Mie de pain ou aux Restos du Cœur.
Moniteur de colos (le jah'j est souvent diplômé du BAFA[4]).

LE COUSIN WAWASH
Jah'j des champs, le wawash se distingue de ce dernier par ses cheveux
courts et son vestiaire théâtre de rue-
festival d'Aurillac qu'il mélange à la
garde-robe rasta. Plus ouvert sur les
autres communautés et moins donneur de leçons, rêveur, nettement
moins investi dans ses études, il est
plus proche de la dérive punk à chien.
Plus tard, il se rêve en Denis Lavant.

STYLE
Le style est sous haute influence jamaïcaine, manouche et africaine.
Coiffure : dreadlocks[5], mèches de cheveux emmêlées, connues sous le diminutif de *dreads* ou *locks*, qui se regrou-
pent par paquets lorsque les cheveux
évoluent naturellement.
Hommage à la coiffure de certaines
tribus est-africaines, les dreads sont
également une référence à la légen-

Pour une coiffure réussie, le cheveu doit évidemment rester à l'écart de toute brosse ou peigne, et ce, pendant une décennie.

de de Samson (dont la force résidait
dans sa crinière jamais coupée) et
évoquent l'exhortation biblique faite
aux croyants de ne pas couper leur
chevelure : «Pendant tout le temps de
son naziréat, le rasoir ne passera point
sur sa tête ; jusqu'à l'accomplissement
des jours pour lesquels il s'est consacré à l'Éternel, il sera saint, il laissera
croître librement ses cheveux[6].»
Le saviez-vous ? D'après les Saintes
Écritures, Samuel, Jean le Baptiste et
Samson, étaient tous de gros rastas.
C'est parce qu'on lui coupa ses sept
locks que Samson perdit sa force.
Yes man.
L'atébas, mèche de cheveux enroulés

---

1 Technicien.
2 Musicien.
3 Électricien.
4 Brevet d'aptitude aux fonctions d'animateur.
5 Ce mot viendrait de la Bible et caractériserait la peur de Dieu (*dread of god*).
6 Voici l'un des trois vœux de Nazarite, que l'on retrouve dans le Livre des Nombres, quatrième
livre du *Pentateuque*.
7 «Amsterdam» en verlan.

LOISIRS

Voyager dans les pays du tiers-monde, construire chaque été une école dans un pays d'Afrique pour soulager sa conscience de Blanc privilégié, partir un week-end à Meda[7] pour fumer des pet's tranquillou au vu et au su de tout le monde, boire de la bière, participer à des festivals de musique reggae.

CULTURE

Baladins, saltimbanques, marionnettes, cracheurs de feu, cirque, clowns, cabarets, fanfares, théâtre d'ombres, mimes, pyrotechnie : le jah-jah aime le théâtre de rue et le spectacle vivant.
Tout jah'j qui se respecte sait d'ailleurs faire un saut de main ou au moins la roue. La cabriole est pour lui une seconde nature.

de fils de laine, est très populaire chez les filles jah-jah. Il peut être plus long que le reste des cheveux, sa couleur et son nombre variant selon les préféren-ces. L'atébas peut également s'orner de perles ou de grelots.

Maquillage : bindi, khôl, ethnique en somme.

Vêtements : pantalon bouffant, pattes d'éph' ou treillis. Chemise bariolée, blouse ethnique ou vieux T-shirt. Pull à capuche, pull en alpaga[1] ou poncho. Bonnet péruvien.

Accessoires : bijoux ethniques type croix africaine, main de fatma. Fou-lard dans les locks, bagues qui main-tiennent les dreads serrées.

Bolas : chaînes avec des boules de Kevlar. Staff : grand bâton avec des boules de Kevlar. Bâton du diable. Jumbé, didgeridoo, guitare. Chaînes, diabolo, Hacky sacks (petites balles en coton crocheté, utilisées pour faire un gen-re de football uniquement composé de passes, elles conviennent égale-ment pour apprendre à jongler). Sac équatorien à bandoulière.

Code couleur reggae : rouge, vert, or[2]. Mais aussi orange, violet, marron.

POLITIQUE

Altermondialiste convaincu, écolo à ses heures, le jah-jah est très investi dans les mouvements étudiants. Mot préféré : « AG[3] ».

« T'es au courant pour l'AG de mercredi en salle 212 ? Sérieux faut qu'on s'bouge pour notre avenir, parce que ça pue selon moi. Allez à demain. Jah love à toi. »

DROGUE

Le jah-jah fume essentiellement des joints et des cigarettes roulées. Il aime la beuh[4] et l'Amsterdamer.

Mais ne consomme pas de drogues dures. Sauf quand il va en teuf[5].

ENNEMIS

Sarkozy, Le Pen, tout ce qui porte un uniforme, le capitalisme, la société de consommation, le bobo qui n'a pas su choisir son camp.

MANIAQUE

De réputation plutôt ouverte et tolé-rante, le jah-jah se montre paradoxa-lement très rigide lorsqu'il s'agit de reggae. Il peut en effet en venir aux mains si vous lui soutenez que c'est Bob Marley qui a inventé le reggae. Il vous répondra furieux que c'est en réalité le groupe Toots & the Maytals. N'insistez pas.

« Tu me crois pas ? Tu veux qu'on en dis-cute en AG ? Qui est pour faire une AG ? Je crois que la salle B09 est libre. »

---

1 Laine qui gratte.
2 Couleur du drapeau rasta, lui-même aux couleurs du drapeau éthiopien, reproduites sur toutes sor-tes de supports : badges, gilets, chemises, sandales, bonnets de laine, cannes (les *rods of correction*).
3 Assemblée générale.
4 Herbe.
5 Cf. Teuffeur.

OÙ CROISER UN JAH-JAH ?

Dans les champs, assis en tailleur sur une pelouse en train de se rouler une clope ou de jongler, sur les quais de la Seine.

En camping dans les Landes, en Ardèche.

À Aurillac (haut lieu du théâtre de rue, Mecque jah-jah et wawash par excellence, connue pour son festival. Et ses parapluies).

Dans des sound systems.

Dans des snow parks l'hiver.

À n'importe quel festival que ce soit, surtout les Vieilles Charrues.

À Paris : au Trabendo, au Batofar, au Zorba.

MUSIQUE DE JAH-JAH

Tout Bob Marley, et le reggae en général, ragga, dub, ska...

Mais aussi le reggae français, les musiques du monde, le punk français (les Béruriers noirs, Noir Désir), le hardcore.

ICÔNES

Les Fraggles, personnages du marionnettiste Jim Henson.

Bob Marley, Manu Chao, Tryo, Broussai, Dobacaracol, Le Peuple de l'Herbe.

PARENTS PROCHES

Le teuffeur, le punk à chien, le bobo-malongo.

LOINTAINS ENNEMIS

La fashionista, la modasse, le Bcbg, la Marie-Chantal, le sunset beach, le gym queen.

LEXIQUE JAH-JAH

Bédave : fumer

Faya, fonfon, chiredave, técla, chiendé, decker, j'ai buggé, ça m'a scotché, j'ai tapé une phase, chui rabatte : être défoncé

Yes I' ! : super !

Big up : hommage à toi

Man : mec

Cool man : relax Max

Babylone : l'horreur urbaine

Roots : tranquillou, sans chichis

VINGT-QUATRE HEURES DANS LA VIE D'UN JAH-JAH

12 heures : Jah-Jah émerge, son pèt' (pétard) éteint au coin des lèvres. Et meeerde, il a encore raté sa première heure de cours. Il rallume son pèt', tire deux lattes et le repose. «*Allez, encore cinq minutes et je me lève.*»

14 heures : Cette fois, Jah'j se réveille pour de bon. Dehors, la pluie triste de novembre et le vent froid sont autant d'obstacles qui jalonnent sa route vers Le Mirail. Pour se donner du courage, Jah'j met un disque des Gladiators. «*Jah, Babylone Style, Rastafari*», scande le jah-jah devant sa fenêtre. «*Quel pays de cons. Quand je pense qu'à Kingston, on vit pieds nus.*» Jah'j enfile un pull à capuche sur ses vêtements qu'il n'a pas quittés depuis trois jours (un pantalon bouffant et un T-shirt Sinsemilia) et sort. Il a pris soin, au préalable, de se rouler un petit spliff pour le trajet. Son cours sur Heidegger sera plus facile à digérer s'il trippe un peu.
Il chope en passant sur sa table de nuit *Le Manifeste* d'Engels et Marx, corné et souligné de partout.

14 h 30 : Jah'j descend du bus où il a bien failli s'endormir. Il croise son pote Babtou à qui il propose le spliff qu'il vient de rallumer. «*Tu vas faire quoi comme exposé pour le cours de musicologie ? Moi je galère grave.*»
Jah'j prend une grosse latte de spliff et répond dans un souffle : «*Métaphysique du reggae, man. J'vais parler de la doctrine rastafari et du son reggae comme chant mystique.*
- *Trop trippant*, répond Babtou, fasciné.
- *Grave. J'vais venir avec du son, genre Max Romeo et des trucs styquemis genre LKJ et le prof va s'en prendre plein la gueule.*
- *Yeah man.*»

15 h 45 : Jah'j pose son sac péruvien à terre et rejoint en deux sauts de mains un groupe de jeunes assis en rond sur la pelouse de Nanterre. Il espère qu'un jour il maîtrisera suffisamment le flip-flap pour en mettre plein la vue à Émilie, une jeune et jolie jah-jah qu'il aime bien. Le groupe fume des cigarettes roulées en tapant mollement sur un jumbé. Dan, jah-jah blond, s'efforce de faire sortir un son correct de son didgeridoo. Jah'j

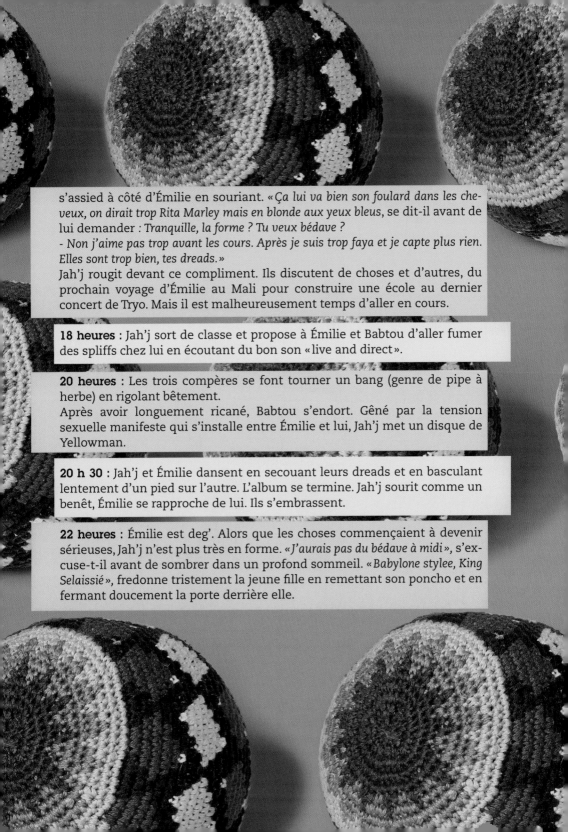

s'assied à côté d'Émilie en souriant. «*Ça lui va bien son foulard dans les cheveux, on dirait trop Rita Marley mais en blonde aux yeux bleus*, se dit-il avant de lui demander : *Tranquille, la forme ? Tu veux bédave ?*
- *Non j'aime pas trop avant les cours. Après je suis trop faya et je capte plus rien. Elles sont trop bien, tes dreads.*»
Jah'j rougit devant ce compliment. Ils discutent de choses et d'autres, du prochain voyage d'Émilie au Mali pour construire une école au dernier concert de Tryo. Mais il est malheureusement temps d'aller en cours.

18 heures : Jah'j sort de classe et propose à Émilie et Babtou d'aller fumer des spliffs chez lui en écoutant du bon son «live and direct».

20 heures : Les trois compères se font tourner un bang (genre de pipe à herbe) en rigolant bêtement.
Après avoir longuement ricané, Babtou s'endort. Gêné par la tension sexuelle manifeste qui s'installe entre Émilie et lui, Jah'j met un disque de Yellowman.

20 h 30 : Jah'j et Émilie dansent en secouant leurs dreads et en basculant lentement d'un pied sur l'autre. L'album se termine. Jah'j sourit comme un benêt, Émilie se rapproche de lui. Ils s'embrassent.

22 heures : Émilie est deg'. Alors que les choses commençaient à devenir sérieuses, Jah'j n'est plus très en forme. «*J'aurais pas du bédave à midi*», s'excuse-t-il avant de sombrer dans un profond sommeil. «*Babylone stylee, King Selaissié*», fredonne tristement la jeune fille en remettant son poncho et en fermant doucement la porte derrière elle.

Au royaume de Princesse Pudding, les plateform shoes sont poilues, les dreads en sucre d'orge et les bras tatoués de cupcakes.

FAN DE CULTURE JAPONAISE, LE MONDE KAWAII, BERCÉ PAR LES MANGAS², EST CELUI DE L'ENFANCE : REMPLI D'ÉTOILES, DE BÉBÉS PANDAS ET DE LUCIOLES TROP MIGNONNES.

KAWAII ?!?

Au pays du Levant et des nouilles sautées, cet adjectif signifie «mignon», «adorable», «chou» et se prononce de la manière suivante: Ka-wa-iiiiii (accentuation traînante et extatique sur le i).

Très populaire au Japon, ce mot s'emploie de toutes les manières possibles et imaginables : un vêtement, un chanteur, un chiot ou une campagne présidentielle peuvent en effet être kawaii.

Cette obsession de la mignonnerie se serait popularisée dans les années 70, à la naissance du personnage Hello Kitty³, produit de la société Sanrio, à l'origine d'une gamme de personnages plus kawaii les uns que les autres. Dès lors, une véritable manie aurait envahi le pays, de l'écriture enfantine avec des cœurs sur les *i* à la surabondance de smileys.

INVASION KAWAII

L'esprit kawaii a progressivement envahi les panneaux publicitaires nippons, des enseignes de magasins aux restaurants, des journaux aux emballages, jusqu'aux institutions (chacune des quarante-sept préfectures du pays possède sa propre mascotte kawaii et les affiches promotionnelles de l'armée japonaise sont elles-mêmes illustrées de personnages mignons tout plein).

Signe des temps, une maternité Hello Kitty a vu le jour à Taiwan.

---

1 À ne pas confondre avec le K-Way, qui est un vêtement de pluie.
2 Bandes dessinées japonaises, terme utilisé de façon impropre en France pour nommer d'autres produits visuels rappelant ces bandes dessinées (dessins animés, style graphique…).
3 Petite chatte blanche avec un nœud sur la tête qui n'a pas de bouche car elle parle avec le cœur.

En matière vestimentaire, le style kawaii, essentiellement féminin, se caractérise par des vêtements et accessoires très enfantins : les manches ballons, la dentelle, le rose, la superposition de matières, de couleurs et l'accumulation de gadgets, pour la plupart à l'effigie de héros mangas.

Le mot « kawaii » désigne par ailleurs une attitude régressive, pieds tournés en dedans l'un vers l'autre, tête légèrement baissée, signe V de la main à la moindre occasion, rires puérils, enroulage chronique de mèche autour des doigts.

KAWAII FRANCE

La France, deuxième pays consommateur de mangas au monde après le Japon, est également le pays où le japonais est la deuxième langue la plus traduite après l'anglais.

L'histoire d'amour entre les Français et les mangas japonais remonte à la première diffusion du dessin animé *Goldorak* en 1978, qui ouvrit la voie aux *anime*[1] tels *Candy*, *Albator* et autres *Chevaliers du Zodiaque*, pour la plupart popularisés par l'émission culte pour enfants : *Récré A2*[2]. Grâce à Dorothée, Ariane, Patrick, Jacky et Corbier, c'est toute une génération qui se familiarise avec la culture japonaise.

Le dessin animé *Akira*, premier à être publié en bande dessinée en France, attire un public curieux, que le manga *Dragon Ball* d'Akira Toriyama achève d'accoutumer. Le manga devient rapidement un concurrent solide de la bande dessinée belge.

Le premier salon manga ouvre ses portes en France en 1996 et la jeunesse française commence à imiter la jeunesse japonaise dans ce qu'elle a de plus excentrique : ses vêtements.

DECORA

Style extravagant et coloré, le decora n'obéit pas à une règle vestimentaire en particulier, mais procède par accumulation d'accessoires (lunettes, petits sacs, barrettes, colliers, bagues, bracelets, faux ongles). Les cheveux sont souvent teints dans des couleurs acidulées, le rose étant la couleur dominante par excellence. Ce style très kawaii est inspiré de personnages tels Hello Kitty ou Pucca[3].

FRUITS[4]

Cette autre mode kawaii prône une tenue vestimentaire haute en couleur, en hommage aux fruits et à leurs robes éclatantes, comme le rose, le jaune et l'orange, dans un esprit très enfantin. Les vêtements flashy et colorés se superposent à des bases sombres. Les fruits aiment porter des colliers de toutes sortes, souvent en peluche.

La couleur des cheveux oscille entre le bleu, le vert, le rose et le violet.

Ce style heureux et sympathique traduit tout de même une sérieuse tendance à la peterpanisation (refus de grandir).

---

1 Dessins animés japonais.
2 Ancêtre du Club Dorothée.
3 Icône kawaii créée en 2000 par la société sud-coréenne Vooz, Pucca est une petite fille qui vit et travaille comme livreuse dans un restaurant chinois tenu par ses oncles. Pucca est très amoureuse de l'apprenti ninja Garu (qui n'a rien à voir avec le chanteur québécois).
4 Prononcer à l'anglaise : [frouts].

Romantique, la garde-robe de l'elegant gothic lolita Kyoshi-chan s'inspire de la mode victorienne.

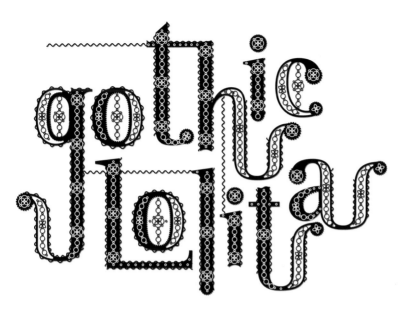

OSCILLANT ENTRE KAWAII ET KOWAII[1], LE STYLE GOTHIC LOLITA POURRAIT ÊTRE BAPTISÉ MOGWAII[2], SOIT «MIGNON-MAIS-QUI-FAIT-UN-PEU-PEUR». CETTE POUPÉE ÉTRANGE ET ROMANTIQUE EST DE TRADITION VICTORIENNE.

STYLE

Robe ou jupe bouffante en forme de cloche étoffée de jupons, riche en dentelles et froufrous, haut bouffant, gros nœud en ruban sur le plastron ou l'arrière de la jupe, laçage et jabot : la goth'lol' aime le XIXe siècle tendance Carpates et rehausse sa tenue de hautes chaussettes blanches ornées de dentelle, comme une jarretière.

Coiffure : coiffe de soubrette, minicouronne, minichapeau, ruban ou fleur artificielle. Comme les emos, les goth' lol' portent des perruques ou des extensions afin de parfaire leur look.

Aux pieds : bottes élégantes, plateform shoes ou souliers à bride de type babies.

Maquillage : teint pâle, rouge à lèvres et eye-liner noir.

Accessoires : petite valise, sac en forme de cercueil, ombrelle noir et blanc.

SOUS-GENRES

Elegant gothic aristocrat : lolita romantique et mystérieuse qui arbore robe longue, jabot, collet, dans la plus pure tradition victorienne aristocrate. Proche du gothique occidental.

Industrial lolita : lolita punk et trashy, qui mélange carreaux écossais et froufrous de petite fille.

Country lolita : Lolita des champs, chapeaux de paille et fleurs, aime dévaler les collines en riant.

---

1 Effrayant, contraire de kawaii.
2 Gremlins avant transformation.

Sweet lolita : lolita à l'apparence de poupée. Couleurs pastel, dentelles, blanc, rose, bleu. Souvent une peluche en accessoire. Minijupes bouffantes.

Elegant gothic lolita : style inventé par Mana, guitariste du groupe japonais Moi dix mois[1] et créateur de la marque Moi-même-Moitié, figure éminente du visual kei[2]. Les robes sont longues, sombres, aux antipodes du style bonbon. Les accessoires beaucoup moins enfantins. Ses attributs emblématiques sont la croix et l'ombrelle.

Horror girl ou gothic nurse : gothic lolita bad trip, qui se balade affublée de bandages, sang et fausses plaies.

CULTURE

La gothic lolita ne rêve que d'une chose : vivre au Japon. Elle pourra de fait entreprendre des études de traductrice, dans l'espoir d'enseigner un jour le français dans son pays de rêve. Très sensible à la tradition et aux coutumes japonaises, elle se reconnaît de moins en moins dans les manières de son pays, qu'elle trouve grossières et peu subtiles.

MUSIQUE

Le visual key est la musique préférée des gothic lolitas, pour sa sonorité, mais principalement pour son esthétique. Les groupes de visual sont connus pour leurs tenues cyberpunk qui mélangent garde-robe gothique aux costumes traditionnels japonais saupoudrés d'éléments glam-rock.

Sinon, la gothic lolita aime se détendre en écoutant de la musique tels le death, le black metal ou la hardtech. Mais elle sera toujours contente d'entendre un petit Chopin.

PARENTS PROCHES
Emo, geek, nerd.

ARTISTES KAWAII
Takashi Murakami, Yayoi Kusama, Hayao Miyazaki, Tim Burton.

PAS KAWAII
Les punks à chien,
le festival d'Aurillac.

VIEILLE GOTHIQUE LOLITA
Armande Altaï.

---

1 Groupe japonais de visual kei, aux sonorités rock, metal et classique.
2 Cf Emo.

LE TOTAL LOOK

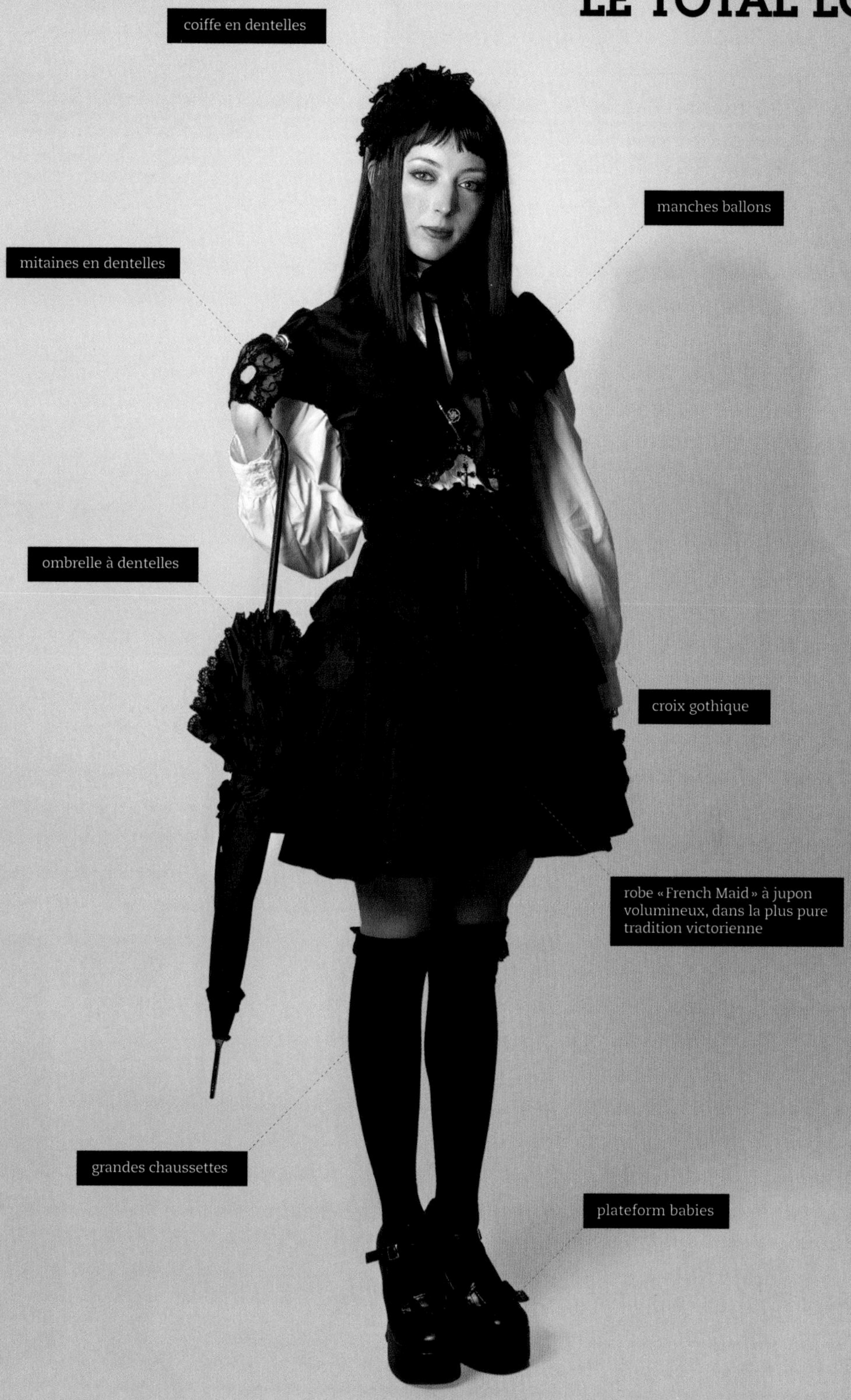

coiffe en dentelles
manches ballons
mitaines en dentelles
ombrelle à dentelles
croix gothique
robe «French Maid» à jupon volumineux, dans la plus pure tradition victorienne
grandes chaussettes
plateform babies

TECKTONIK

BIMBO

FLUOKID

JAH-JAH

NAPPY

KAWAII

BABY-POUFFE

MODASSE

BABY-ROCKEUR

CAILLERA

LOOKÉ-DÉCALÉ

BCBG

MARIE-CHANTAL

SKATEUR

FASHIONISTA

GOTHIC LOLITA

GOUINE À MÈCHE

BUTCH

143

Robe courte, leggings et
cheveux propres : Maxime est
une digne représentante des
lolitas de France.

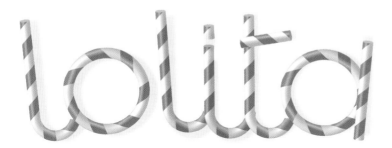

FIANCÉE DU BABY-ROCKEUR[2], *«COLLÉGIENNE AUX BAS BLEUS
DE MÉTHYLÈNE[3]»*, SA TENUE S'INSPIRE DE LA GARDE-ROBE
FRANCOISEHARDYENNE DES ANNÉES 60. NE VOUS FIEZ PAS
À SON AIR ANGÉLIQUE : CETTE FILLE SAGE DES BEAUX QUARTIERS
À QUI L'ON DONNERAIT LE BON DIEU SANS CONFESSION EST LOIN
D'ÊTRE UNE SAINTE.

STYLE

À mi-chemin entre Nabokov et Miley Cirus, la lolita s'inscrit dans la mouvance rétro-chic qui associe la candeur et l'innocence de l'enfant qu'elle n'est déjà plus au glamour de la femme qu'elle sera bientôt.

Coiffure : la coiffure est sage, les cheveux, propres et brillants, éclatants de santé, généralement longs ou mi-longs, ont une coupe classique : petite frange ou mèche sur le côté retenue par une barrette, cheveux lisses ou savamment décoiffés, nets et non effilés (contrairement à la jeune fille emo ou tecktonik[4]), entretenus à grand renfort de crèmes et de mousses.

Tenue : blouse ou chemisier col Claudine[5], paletot, jolie robe évasée de petite fille qui gomme les formes mais exhibe les jambes. Aux pieds, elle porte ballerines, Converse ou bottes d'équitation. Ses motifs préférés sont les fleurs, les rayures et les pois.

Les jours où la Lolita cherche à s'encanailler, elle opte pour un look nymphette rock : robe-blouse-trapèze-manche-ballon portée jambes nues ou avec des leggings quand elle se fait prude, associée à une veste en cuir savamment déglinguée, ongles et bâton à lèvres rouge Ferrari, bottes de motarde, coupe saut du lit et clope au bec. Elle peut également porter

1 Serge Gainsbourg, «Ex-fan des sixties», 1978.
2 Cf. Baby-rockeur.
3 Alizée, «Moi Lolita», 2000.
4 Cf. Emo et Tecktonik.
5 Col de la blouse d'écolière par excellence.

un jean slim, un débardeur blanc, un petit veston d'homme et des bottes, dans un style fidèle à celui popularisé par Kate Moss. Et dégaine ses Wayfarer[1] à la moindre occasion.

MUSIQUE
La lolita s'inscrit dans la mouvance rock actuelle et connaît tous les groupes qu'il est bon de connaître, des Stones aux Babyshambles. On l'imagine assez bien prendre des cours de guitare avec le secret espoir d'être un jour une star.

ATTITUDE
Comme toute adolescente qui se respecte, la lolita répond «*Euh ouais… chais pas*» en se mordillant la lèvre inférieure et en baissant les yeux au sol à n'importe quelle question que lui pose un adulte.

OÙ NE PAS LA CROISER ?
Au festival d'Aurillac, à un teknival, au pied d'une barre HLM.

PARENTS PROCHES
Baby-rockeurs, Bcbg, minets, bobos.

CULTURE
Films : *Dig !* d'Oni Timoner, *I'm not There* de Todd Haynes.
Séries : *Skins*, *Gossip Girl* mais aussi *Sous le soleil* «*au second degré, bien sûr*».

ENTOURAGE
Sa bande est constituée à majorité d'avatars et de baby-rockeurs. Bonne vivante, la lolita aime la fête et l'alcool et se met souvent minable à la bière. Elle appelle les garçons «*mecs*» comme dans «*Eh mec ! Elle est où ma caisse[2]?*» et les filles «*meuf*» comme dans

> «*Tu m'as trop fait rigoler quand t'as vomi sur tes Repettos rouges vernies, meuf.*»

ICÔNES
Les Plasticines, Françoise Hardy, Jane Birkin, Brigitte Bardot, Vanessa Paradis, Blondie, Kate Moss, Twiggy.

---

1 Premières lunettes en plastique datées de 1952, modèle popularisé par Ray-Ban, les Wayfarer ont opéré un come-back fracassant en 1980 et ont été vues plus récemment sur le nez de tous les arty et fashionistas de la planète. Elles incarnent, désormais, «la marque du cool».
2 Titre du film culte de Danny Leiner.

Alicia ou la Passion de la toile de Jouy, des brillants aux oreilles et des bracelets fantaisie.

looké -décalé

ou l'ironie arty

«Désormais, la matière doit avoir de l'esprit. Jadis […], l'être humain portait mocassins à glands, moustache de gangster serbe et Ray-Ban au premier degré. Mais aujourd'hui, l'ère est secondaire : mocassins, moustache et Ray-Ban se portent au second degré. Normal : après avoir été romantique, capitaliste et maoïste, l'humanité cultive l'ironie. Le profane tentait de camoufler le mauvais goût, l'ironiste, lui, le revendique. Un exemple : dans les années 80, le look ostentatoire n'était pas complètement assumé. La mode actuelle l'a transformé en une surenchère bling-bling, ludique et revendiquée […]. L'ironie désinhibe, elle permet de regarder la "Nouvelle Star", de chanter du Cloclo. C'est un Tefal du goût : tout consommer sans adhérer. Elle est un luxe de l'ego, dispensant chaque "moi" d'avoir à s'enfermer dans une identification. Célébrer son propre culte en montrant que l'on demeure lucide, être nombriliste et cultiver l'autodérision, voilà ce qu'autorise l'ironie[2]. »

LOOKÉ-DÉCALÉ ?

Toute ressemblance avec le coupé-décalé[3] n'est pas fortuite, signe de sa fantaisie et de son goût pour la fête et les ambiances collées-serrées.

---

1 Tellement c'est laid c'est beau.
2 Guillaume Erner, «Les habits neufs de l'ironie», GQ, n° 1, mars 2008, p. 104.
3 Danse apparue en 2003 en Côte-d'Ivoire, qui se pratique généralement sur de la musique zouk.

Deux attitudes sont à observer chez le looké-décalé qui, à la différence de l'arty traditionnel, modère son extravagance.

Le jour : son style vestimentaire veillera à rester sobre et fonctionnera par clins d'œil subtils : T-shirt rigolo à l'effigie de David Hasselhoff[1], rouflaquettes, jean neige, nœud papillon épinglé sur un pull à carreaux.

La nuit : l'ironiste arty mettra ses habits de lumière et pourra, par exemple, rendre un authentique hommage aux années 90 dans un total look T-shirt extralarge fluo rentré dans un jean taille haute, un palmier sur la tête et des Doc Martens colorées vernies ou, pour les filles, revêtir une robe classique à imprimé toile de Jouy, accompagnée de strass aux oreilles.

THÉORIE DU DOUBLE EXACT

La reproduction à l'identique d'un code vestimentaire est l'apanage du looké-décalé.

Une lookée-décalée peut parfaitement se déguiser en bourgeoise un jour et en prof d'allemand le lendemain (selon sa propre conception de ce style, bien entendu, nous n'avons pas tous eu la même prof d'allemand).

POP CULTURE

Le looké-décalé voue à la culture de masse une adoration proche du sacré.

Il connaît sur le bout des doigts les codes 80's, 90's, le look banquier des années 50, le style pompiste américain et toutes les grandes lignes de l'histoire de la mode.

Collectionneur de tous les styles (exceptés peut-être ceux du jah-jah ou du teuffeur), il trouve à chacun un intérêt, une poésie, qu'il retranscrit au quotidien.

S'habiller en robe de mariée Tati, porter une robe à crinoline insensée le jour de sa remise de diplôme, se la donner grave sur Paula Abdul, adorer les portraits hyperréalistes de chiens, les T-shirts de black metal les plus atroces, les tasses à l'effigie de Lady Di, les aquarelles grotesques, Michel Drucker, les photos de poneys, les caniches royaux, les vieilles dames aux cheveux bleus sont autant de postures ridicool qu'affectionne le looké-décalé.

OÙ TROUVE-T-IL SES VÊTEMENTS ?

Le looké-décalé se fournit aux Puces, dans les friperies, chez Tati, chez les créateurs arty, partout. La philosophie DIY est au cœur de sa démarche. L'ironiste arty est, à l'instar du punk à chien, un roi de la débrouille et prend grand soin à se confectionner lui-même ses vêtements. Pour ce qui est des accessoires, il aime les magasins de farces et attrapes, riches en déguisements et en masques grotesques.

---

1 Vedette américaine, acteur de *K2000* et *Alerte à Malibu*.
2 Contraction de ridicule et cool, terme déposé par Crame, éminent membre de The Bigger Splashes (cf. soirées lookées-décalées).

CAMP

Impossible de ne pas évoquer la notion de *camp* lorsque l'on aborde le sujet de l'ironie. Défini en 1964 par l'auteure américaine Susan Sontag dans son livre *Notes on Camp,* le *camp,* issu de la communauté gay, évoque un goût pour l'exagération théâtrale, une revendication et une adoration du kitsch doublée d'une certaine fascination pour le mauvais goût et la laideur.

Plus qu'une notion, le *camp* est avant tout une sensibilité, un second degré du kitsch, «qui voit tout entre guillemets».

Être *camp* est une posture jouissive, apolitique, urbaine et non intellectuelle (à l'inverse de la posture arty traditionnelle), qui procède par une digestion à la fois «esthétique, humoristique et affective de la culture de masse (...) afin de mettre en relief sa dimension psychomythique»[1].

DE JEUNES GENS MÖDERNES

Collectif français post-punk, novö et cold wave des années 80 incarné par des figures telles Elli et Jacno, Taxi Girl ou Édith Nylon, ce mouvement constitue l'une des influences majeures de l'esthétique arty lookée-décalée dans ce qu'elle a de plus noble (notez que le looké-décalé ne se limite pas à son humour et à ses clins d'œil ; il fait montre à l'occasion d'un vrai sens de l'élégance).

Ce titre, hérité d'une couverture du magazine *Actuel* («Les Jeunes Gens Modernes aiment leur maman») qui

voyait le groupe Marquis de Sade poser en compagnie de leurs mères respectives, vint nommer ce style clinique et rétro-futuriste, légèrement angoissant, alliant costume-cravate pour les hommes, tailleur-bustier pour les femmes, et pose solennelle servie d'un comportement décadent et d'un appétit pour les excès en tous genres.

«Les Jeunes Gens Mödernes portaient l'habit comme un manifeste et l'attitude comme une déclaration de guerre[2].» Une phrase dans laquelle les lookés-décalés de tous bords se reconnaîtront.

CULTURE

John Waters, Andy Warhol, ExchPop-True, Catherine Ferroyer-Blanchard, Martin Parr, Jeff Koons, Pierre et Gilles, Valérie Lemercier, Madonna, Paris Hilton, Fred Astaire, Marylin Monroe.

Le looké-décalé éprouve une grande fascination pour les États-Unis et Hollywood : la figure du monstre sacré et, par extension, du monstre tout court l'obsède (Michael Jackson, Liz Taylor, Mickey Rourke) et s'inscrit dans son adoration pour ce qui a trait à l'iconologie de la pop culture.

---

1 *Littérature, peinture et cinéma par Gilles Visy,* article de Danielle Aubry sur le site *De la plume à l'écran.*
2 Gilles Le Guen, *De Jeunes Gens Mödernes,* ouvrage collectif publié en 2008 aux Éditions Naïve.

Ouaf

LA TROISIEME OREILLE

Comme le dandy et l'electro rock, l'ironiste arty aime les chefs-d'œuvre et les morceaux honteux. Sa passion va autant au zouk qu'à la musique concrète, à l'eurodance qu'au folk minimaliste et épuré.

IRONIE PARTY

L'ironiste arty est un noceur. On le croise dans des soirées branchées aux dress codes compliqués :

Mais tu vas pas sortir habillé comme ça ?

SOIRÉES LOOKÉES-DÉCALÉES

Toutes les soirées «La Mort aux Jeunes», fruit du collectif The Bigger Splashes, qui depuis 2004 fait danser la jeunesse de France sur de l'electro über pointue et festive. Résidente au Pulp pendant deux ans et domicilée depuis au Point éphémère, «La Mort aux Jeunes» a repris le célèbre credo de Jenny Bel Air[2] «La prochaine fois faudra revenir looké» et initia un retour aux soirées queer, mythiques et performatives (découpe et distribution de gâteaux, set de violon sur le dance floor, distributions de bons points look).

Mais aussi
Les soirées Flash Cocotte
Jacqueline Coiffure
Les soirées Fluokids
Qui reposent toutes sur ce même principe de fête débridée et haute en couleur.

PARENTS PROCHES

Le néodandy, l'electro rock, le skateur branché, le bobo, les transpédégouines[3], le fluokid.

ENNEMIS

Le no look, à qui il reproche, comme le dandy, son manque total de fantaisie. La hippie chic qui, à ses yeux, est tout simplement grotesque.

---

1 *Maguy*, série télévisée narrant les aventures d'une femme de caractère d'une cinquantaine d'années (interprétée par Rosy Varte) diffusée entre le 8 septembre 1985 et le 18 novembre 1993 sur Antenne 2. Jean-Marc Thibault et Marthe Villalonga faisaient également partie du casting.
2 Figure emblématique de la nuit, Jenny Bel Air faisait l'entrée du club non moins mythique Le Palace.
3 Relatif à la communauté LGBT (lesbienne gaie bisexuelle trans).

Sortie de messe pimpante mais un poil frisquette pour Marie-Chantal, qui a beaucoup aimé le sermon du curé.

Marie + Chantal

FIGURE PHARE DE LA BOURGEOISIE CATHOLIQUE TRADITIONNELLE, PROUT-PROUT LÉGENDAIRE MARIÉE À DIX-NEUF ANS À UN AMI DE SON COUSIN, MARIE-CHANTAL ET SON FOULARD DE COU FONT À JAMAIS PARTIE DU PATRIMOINE FRANÇAIS. CETTE JEUNE FEMME DE VINGT-CINQ ANS À QUI L'ON EN DONNERAIT FACILEMENT DIX DE PLUS RESTE FIDÈLE AU CHRIST, NOTRE-SEIGNEUR. ET GARE À CE-LUI QUI AURA TOUCHÉ À SON ASSIETTE AVANT LE BÉNÉDICITÉ[1].

STYLE

Serre-tête en velours, jupe plissée en laine, collants chair, veste autrichienne, duffle-coat, caban, mocassins à glands, chemisier à col rond, cardigan à pression Agnès b. Les jours de sortie, la Marie-Chantal fait péter le carré Hermès ou le trois-rangs[2].

Couleurs : sa garde-robe est un festival de vert sapin, marron foncé, bleu marine, bordeaux, beige et de motifs écossais.

Matières : le velours côtelé, le coton, la laine bouillie, le cachemire et l'alpaga.

Jean's ? les jours de bricolage ou de déménagement sont les seules occasions où elle concède de porter un *« blue jean's »* taille haute.

Accessoires : croix, rangs de perles, sac Kelly de Hermès, alliance et bague de fiançailles.

Saisons : l'été, elle arbore marinière, bermuda en toile beige et espadrilles. Le bermuda pinces en velours taille haute à la largeur parachute est également un basique. Les jours de pluie, de chasse ou de cueillette aux champignons, la Marie-Chantal porte Barbour et bottes en caoutchouc.

---

1 Prière de remerciement catholique récitée avant le repas. Originellement en latin, elle commençait traditionnellement par le mot *benedicite*, «bénissez». Exemple : «Viens à la fête, la table est prête, où nous invite Jésus-Christ, viens à la fête, la table est prête, viens partager son pain de vie.» Pour la Marie-Chantal, toute nourriture se doit d'être bénie, même le dernier des nuggets.
2 De perles.

AIME

Noël, Pâques, les Rameaux, Benoît XVI, les rallyes[1], la kermesse de l'école, Dominique de Villepin, ce jeune prêtre qui la visite en rêve, les chiens, le catéchisme, le dimanche, sauter dans les flaques avec son fils Ambroise, les caramels au beurre salé, un petit coup de jaja[2] de temps en temps, faire du vélo sous le crachin breton et se réchauffer près du feu de cheminée, jouer au bridge, au kem's, au rami, faire du tricot, de la couture, le protocole, donner la paix du Christ en distribuant des baisers à tout le monde, le piano, Chopin, Michel Sardou, le thé au lait.

N'AIME PAS

La violence, les signes ostentatoires de richesse, Marie-Madeleine «*cette traînée!*», les émissions de télé-réalité qu'elle trouve «*complètement neuneus*», les gros mots, l'art contemporain («*Franchement à ce moment-là moi je te fais un collier de nouilles et je suis Picasso*»), les hommes efféminés, le manque d'éducation, Guy Gilbert le prêtre des loubards qu'elle trouve grotesque, que l'on glousse à la messe, que l'on fasse du play-back sur le «Je crois en Dieu[3]», le rap cette musique de sauvages, la cigarette, les ploucs, la junk food, l'ironie, les blagues sur les curés pédophiles.

MOT PRÉFÉRÉ
Sympa
«*Très sympa, ton petit polo.*»

«*Écoute, on a passé un week-end supersympa au Pouliguen.*»

MDR
«*Ce week-end, c'est la Gay Price!*»
(Une Marie-Chantal tâchant d'être dans le coup.)

PARENTS PROCHES
Bcbg, nappy.

---

1 Rencontres de jeunes de la bourgeoisie et noblesse française ayant pour but de préserver les valeurs de la haute société et de favoriser les unions entre fins de race (cf. Bcbg).
2 Vin.
3 Prière catholique difficile à retenir.

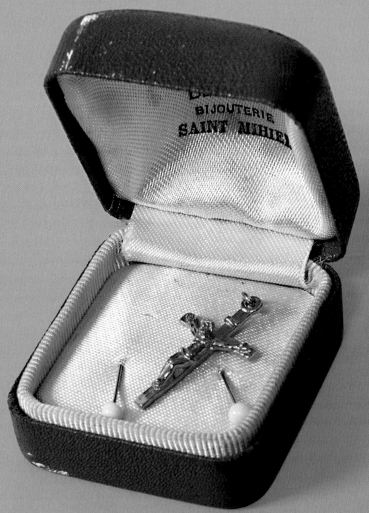

NOUVELLE STAR

De toutes les messes et de tous les pèleri-
nages, on peut l'entendre, au détour d'une
bénédiction, entonner de sa voix de soprane
les standards dominicaux, du «Trouver dans
ma vie ta présence», au «Que tes œuvres
sont belles» sans oublier le «Tressaillons de
joie», son pied battant la mesure, avec un
plaisir toujours aussi palpable. Chef de chorale hors pair, vous pouvez compter sur elle
pour mettre une ambiance de folie à tous
vos mariages.

La veste en jean recouverte de patchs, véritable basique de la garde-robe heavy metal, ici arborée avec superbe par Freddy.

L'ALLURE METAL, À LA MANIÈRE DU JEAN, SEMBLE RÉSISTER
À L'ÉPREUVE DU TEMPS. AVEC SON LONG MANTEAU NOIR
ET SON AIR INQUIÉTANT, CELUI QUE L'ON NOMMAIT JADIS LE
HARDOS SÉVIT TOUJOURS DANS NOS VILLES ET OFFICIE
DÉSORMAIS SOUS UN NOUVEAU NOM, SANS TRAVAILLER DANS LA
SIDÉRURGIE POUR AUTANT.

Cette dénomination n'est autre que la substantivation du diminutif de heavy
metal, genre originel et fondateur, incarné par des figures historiques tels
Black Sabbath, Iron Maiden ou Metallica.

MUSIQUE

Mouvement musical anglo-saxon dérivé du rock, le metal se caractérise par
une forte présence de guitares électriques utilisant divers effets de distor-
sion, associés à une rythmique puissante doublée d'une technique ancestrale du rot et du gargouillis. Multiple, ce genre se divise en une foultitude
de sous-genres, eux-mêmes subdivisés à l'infini.

---

1 Diable dedans.

Speed metal : metal joué à un tempo très soutenu. La tendinite du poignet est fréquente chez les guitaristes, qui sont souvent des virtuoses du tapping[1]. Groupes types : Motörhead, Megadeth, Venom.

Thrash metal : dérive du speed metal caractérisé par des riffs saccadés et des voix criardes, le thrash (de l'anglais *thrash* : battre, frapper) est un mélange de punk et de rock progressif. Groupes types : Suicidal Tendencies, Sepultura, Slayer, Pantera.

Black metal : thrash metal nietzschéen à forte connotation satanique, son message est clair : la haine de Jésus. Groupes types : Mayhem, Cradle of Filth, Rotting Christ.

Death metal : metal gore et morbide. Groupes types : Cannibal Corpse, Dying Fetus, Necrophagia.

Grindcore : metal issu du crust punk[2], de tradition death metal, ultrarapide, guttural et proche du punk hardcore. Très engagé politiquement. Groupes types : Anal Cunt, Regurgitate, Ultra Vomit, Purulent Excretor.

Doom metal : thrash metal violent, au tempo lent, mélancolique et pesant. Groupes types : My Dying Bride, Church of Misery, Reverend Bizarre.

Metal norvégien : black metal viking symphonique terrifiant, sataniste et chevaleresque. Groupe type : Mayhem, Dimmu Borgir[3].

Nu metal : metal hybride, qui convoque un rock alternatif agressif mâtiné de hip-hop. Groupes types : Korn, Slipknot, System of a Down.

Power Metal : metal plus joyeux mélangeant thrash, speed metal et metal symphonique qui intègre un imaginaire empreint de grandiose et de fantasy. Un *Lord of the Ring* metal. Groupes types : 3 Headed Monster, Dragonforce, Helloween.

Metal symphonique : mélange de power, black, heavy, gothic, doom et death metal mettant l'accent sur la mélodie et incorporant des éléments de musique classique : orchestre, chœurs, baguette de chef d'orchestre. Groupes types : Kamelot, Adgio, Thy Serpent.

Metal chrétien : *Unblack* metal qui chante la vie de Jésus et de ses apôtres. Les épisodes où ces derniers se sont endormis au mont des Oliviers et celui où Pierre a renié Jésus sont des hits de rage chrétienne. Groupes types : Hallelujah, Jerusalem, Messiah Prophet, Antidemon, Trouver dans ma vie ta présence.

---

1 Technique consistant à taper une corde plutôt qu'à la gratter. Joe Statriani et Eddie Van Halen sont tous deux des maîtres du tapping.
2 Musique du punk à chien.
3 Selon le très sérieux article sur le metalleux consacré par la très sérieuse *Désencyclopédie*, éminente plateforme de désinformation disponible sur l'Internet, «Il arrive au metalleux de redorer son blason en donnant des accents norvégiens à son patronyme d'origine : Robert pourra ainsi devenir Râhtber-korhe».

LE CRI DU METAL

Plus que chant, le metal est éructation, relent, vomi satanique connu sous le nom de grunt[1] ou death growl[2]. Rot issu des entrailles de l'enfer, sa technique vocale, par son timbre guttural et monstrueux, renforce l'horreur des paroles tout en les rendant parfaitement inintelligibles. Souvent employé dans le death metal et ses sous-genres (grindcore, doom death, gothic metal et deathcore), il est également appelé chant du Cookie Monster, en référence à la voix caverneuse de l'éminent personnage de «Sesame Street[3]», connu en France sous le nom de Macaron le glouton.

PAROLES

Contrairement aux musiques prisées par le bobo, le metal ne parle pas de poneys qui courent dans les champs et d'enfants qui mangent des cerises sur fond de boîte à musique et d'ânes qui font hi-han[4], mais évoque des choses autrement coolos comme le satanisme, le paganisme, la haine du christianisme, la mort, la putréfaction, la bière et l'occulte en général.

PRODUCTION

Les groupes de black metal, pour ne citer qu'eux, privilégient généralement une qualité de production volontairement mauvaise pour renforcer le caractère malsain de leur musique.

EXEMPLE DE CHANT METALLEUX

« HHOOOOOOOOOOOOOOOOaa aaaaaaaaaaaOOOOAAAAA AAAAArrrrrrrrruuuuuuuuuuuu uBBBBBBBBBurrrrrrrrPPPPPPPB LAAAAAAAAAAAAAAOOOO OOKKKKKRRRRRRRRRRRRRR RRRRGGGGGGGGGGGFFFFFFF FFFFFEEEEEEGGGGGGGGGG GGGGGGGGGGGGGGGBRA OOOOOOOOOOOOOOOBOL LLLLAAAAAAAAAAAAAA[5] »

ANCÊTRES METALLEUX

Surnommés les «Beatles du heavy metal» par le magazine *Rolling Stone*, qui estime que «l'album *Paranoid* changea la musique pour toujours», le premier groupe à l'origine du mouvement metal serait Black Sabbath.

Aux yeux des puristes cependant, le véritable inventeur du metal est en réalité Richard Wagner, compositeur dark et emphatique, chevaleresque et grandiose.

---

1 Grognement en anglais.
2 Grognement de la Mort qui tue.
3 Émission de télévision éducative pour enfants conçue par Jim Henson, «1, rue Sésame » pour les Français.
4 Comme chez le groupe Coco Rosie par exemple.
5 Comprendre :

« Fear the great Pyramid, the domain of the sacriledge Hispanic blood floats down the walls
Disgusting powers wield this place of horror *Here in the temple of horror*
The ancient gods are back on earth, we serve the Corpses are paled upon the stakes to please the ancient gods
book of blood
The blood of men will drench the fields in darkness *Doomed to slaughter, sacrifice*
Tear off their clothes, sting out their eyes Limps entangled in gore.»
Lead the doomed prisoners to the sacrificial stone The Monolith Deathcult,
Spread their limbs for ritual slaughter «Doomed to Slaughter», 2002.

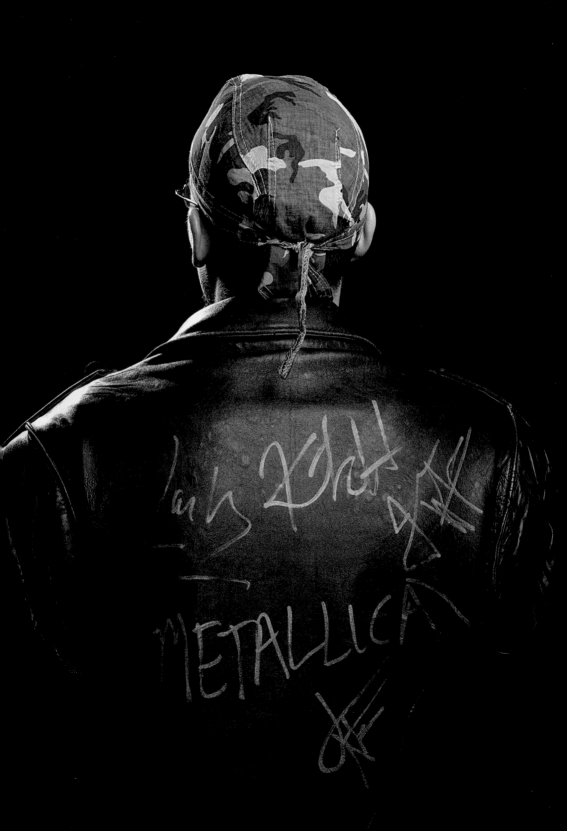

LE HEAVY METALLEUX
de tradition Metallica

Metalleux classique, il porte un gilet en jean sur lequel il a cousu les patchs de ses groupes préférés et un T-shirt à l'iconographie macabre : vierge ensanglantée, crâne rongé par les vers, corps en décomposition piqués de roses et licornes putréfiées. En bas, il porte treillis ou jean et arbore sur la tête un bandana à motif camouflage ou laisse ses cheveux au vent. Le heavy metalleux porte nécessairement un bouc.

LE BLACK METALLEUX
de tradition néomédiévale

Tout de noir et de cuir vêtu, ses cheveux ondulent telle la crinière du chevalier de Satan. Il aime le cuir, les clous, les éléments sadomasochistes, les armures et les armes archaïques de type massue, hallebarde ou catapulte.

Il peut porter à la main une bague armure articulée qui lui prend tout le doigt et se termine par une griffe, très pratique pour égorger les moineaux ou se curer le nez en loucedé. L'hiver, le black metalleux aime faire voleter les pans de son long manteau noir au vent, dans un style complètement Prince des Ténèbres. Les soirs de fête, il a recours au corpse paint.

À l'origine utilisée par les chevaliers teutons, le corpse paint, peinture de guerre ancestrale, visait à terrifier l'ennemi en représentant le guerrier une fois mort. De nos jours, ce maquillage noir et blanc autour des yeux et sur les lèvres renforce le côté sombre et démoniaque du metalleux tout en rendant hommage aux anciennes racines du mal.

Le corpse paint a été importé dans le heavy metal par le chanteur de hard rock Alice Cooper puis repris par différents groupes de black metal et enfin récupéré par certains rappeurs pratiquant un sous-genre du hip-hop appelé horrorcore[1].

LE NU METALLEUX
de tradition street metal

Mélange de metal et hip-hop, la garde-robe additionne vestiaire streetwear et T-shirt vomitifs, dreads et pendentifs en forme de fœtus morts.

LE METALLEUX CHRÉTIEN
de tradition aube metal

Tout pareil que les autres, à la différence près que la croix qu'il porte au cou est dans le bon sens. La barbe et les cheveux longs sont un authentique hommage à Jésus.

Le metalleux chrétien est cependant plus fan de la période «Passion du Christ» que «Multiplication des pains».

---

1 Style hip-hop né dans les années 90 fasciné par le gore et les slasher movies. *«If you take Stephen King or Wes Craven and you throw them on a rap beat, that's who I am»* (Prenez Stephen King ou Wes Craven, balancez-les sur un grosse instru hip-hop et vous comprendrez qui je suis), déclare le rappeur Mars. Incarné par des figures comme Insane Clown Posse, Flatlinerz, Grave Diggaz ou Brotha Lynch Hung, il convoque des thèmes généralement employés par le metal.

LE METALLEUX EN CONCERT

Main cornue

Signe de ralliement des metalleux de tous pays évoquant les cornes du diable, la main cornue s'exécute l'index et l'auriculaire tendus tandis que le majeur, le pouce et l'annulaire sont repliés[1].

Headbanging

Rotation énergique et chevelue de la tête qui ondule au rythme de la musique, le headbanging s'effectue dans le sens des aiguilles d'une montre, ou d'avant en arrière.

Cette pratique s'accompagnant généralement d'un mouvement du buste, le metalleux doit assurer son centre de gravité en contractant sa ceinture abdominale tout en écartant les pieds à mesure que le mouvement s'amplifie. Il va sans dire que le headbanging nécessite un réel entraînement pour éviter torticolis et autres courbatures. Le headbanger confirmé est par conséquent de corpulence assez balèze et se reconnaît à son cou de taureau. Chez les metalleux obsessionnels, le headbanging peut aussi s'accompagner d'air guitar[2].

La figure suprême du headbanging est celle de l'hélicoptère qui voit la rotation du headbanger à la longue chevelure rappeler la pale du rotor[3].

Historiquement, la filiation entre le headbanger et le derviche tourneur est à considérer.

---

1 À ne pas confondre avec la main du diable qui voit le pouce tendu à la place de l'index, signe mondain bobo ou arty mimant le combiné du téléphone invitant deux personnes à se parler dans le futur, parce que «*Oh là là il y a trop de monde dans ce vernissage, c'est l'enfer ! J't'appelle cette semaine.*»

2 Guitare sans guitare.

3 La légende voudrait qu'un headbanger transi se soit littéralement envolé, propulsé par la force de son headbanging.

Stage diving : pratique répandue qui voit un spectateur ou un musicien sauter depuis la scène vers le public chargé d'assurer (ou pas) la réception de ce dernier. Après avoir pratiqué un stage diving, le spectateur est porté à bout de bras par l'assistance et navigue au-dessus de la foule : c'est le slam.

Mosh pit : cercle formé de metalleux sautant dans tous les sens comme des foufous, se heurtant parfois violemment.

> ### Le code de conduite est très strict : il est interdit de piétiner un individu à terre mais on peut le fouetter à coups de cheveux sales.

Pogo : bousculade bon enfant entre metalleux au protocole clair : on relève gentiment son voisin après l'avoir foutu par terre sans ménagement.

Le pogo (qui tire son nom du pogo stick, jouet permettant de sauter verticalement), considéré comme la réponse punk au disco, aurait été inventé par Sid Vicious, chanteur des Sex Pistols. Sid avait en effet la fâcheuse tendance, quand il assistait à un concert, à sauter sur place afin de mieux voir le groupe. Il aurait dès lors reproduit cette attitude sur scène et les fans se seraient empressés de l'imiter.

LE THRASH METALLEUX
de tradition skate metal
Le thrasheur a généralement des cheveux longs, porte des vêtements mi-rock mi-sportswear et pratique les sports de glisse tels le skateboard et le surf.

ENNEMIS DU METALLEUX
Les gothiques, les gothic lolitas «*ces sales gotho-pouffes*», les emos, les tecktoniks, les cailleras, les Bcbg, les Marie-Chantal.
Et Jésus, bien sûr.

FILMS
Deux documentaires :
Some Kind of Monster (2004) de Joe Berlinger. Documentaire sur le groupe mythique Metallica.
Metal, a Headbanger's Journey (2005) par Sam Dunn et Scot McFadyen. Un anthropologue metalleux part à la rencontre de ses idoles et croise entre autres la route de Gaahl, chanteur du groupe norvégien Gorgoroth et incarnation du Mal absolu.

LIEUX COMMUNS
Contrairement à ce que l'on pourrait croire, le metalleux ne se suicide pas plusieurs fois par jour ni n'égorge des poulets dès que l'envie lui en prend. Définitivement de sensibilité satanique, le metalleux a tout de même été identifié par une récente étude écossaise menée par Adrian North, professeur de psychologie à l'université Heriot-Watt d'Edimbourg, comme un être «*créatif, bien dans sa peau, sensible et délicat*». Son amour du grandiose et de la mélodie le rapprocherait de l'amateur de musique classique.

Écharpe oversized et lunettes
de soleil glamour : l'arsenal
idéal pour Félix, soldat des
soldes.

modasse

«MON DIEU QUELQU'UN PEUT-IL DIRE À CETTE PERSONNE QU'ON NE MET PAS DE SLIM QUAND ON EST OBÈSE...»

TRAÎNANT SON AIR BLASÉ DE SOLDES PRESSE EN VERNISSAGES, SON ÉCHARPE GÉANTE BALAYANT LE MACADAM ET SON REGARD CHAUSSÉ DE LUNETTES OVERSIZED OUVERTEMENT CONDESCENDANT À L'ÉGARD DE LA PLÈBE, LA MODASSE PARCOURT LE MONDE AVEC L'ESPOIR D'ÉRADIQUER UN JOUR LA LAIDEUR SUR TERRE.

Esthète qui gravite autour du milieu de la mode et du design, pendant masculin de la fashionista[1], ses journées oscillent entre créateurs belges et sushis japonais. Ses nuits, peuplées de mitaines Dior qu'il pourra assortir à son pantalon Vivienne Westwood, ne lui donnent guère de répit. Pour la modasse, il y aura toujours une saison à suivre, une mode à anticiper.

STYLE

Si la modasse reste à la pointe de la mode, elle affiche cependant une réelle aversion pour ce que le commun des mortels nomme la «tendance».

La modasse s'oppose en cela à l'individu de type fashion qui, par définition, a toujours tout faux. Contrairement au fashion, la modasse n'est pas une victime mais un agent de la mode, qui sait faire la différence entre derbys et richelieus et saura vous dire ce qu'est un tregging.

Sa conception du vêtement est intellectuelle, du côté des créateurs, des univers. On ne parlera pas ici de style mais d'*attitude*.

---

1 Cf. Fashionista.

BASIQUES

Jean slim délavé gris clair
Grosses lunettes
Sac XXL
Débardeur en coton blanc American Apparel
Écharpe d'une longueur minimale de 2 m 50
Gants en cuir marron Kenzo
Sac en cuir vintage du Japon
Petit béret parisien
Pull à grosses mailles
Manteau Martin Margiela

BUDGET

Contrairement à ce que l'on pourrait croire, la modasse n'a pas souvent les moyens de ses ambitions stylistiques et mélange en réalité - et avec génie - pièces de créateurs et garde-robe cheap. Fin couturier, il peut reprendre jusqu'à mille fois la coupe de son pantalon H&M.

SHOPPING

Les achats de la modasse ne sont pas compulsifs. La modasse shoppe avec les yeux, repère, essaie, revient, demande conseil à son meilleur ami et achète le premier jour des soldes, à l'ouverture du magasin. Il aura pris soin au préalable, tout comme la fashionista, de poser un jour de congé.

CONTROL FREAK

Ne comptez pas sur la modasse pour hurler sa joie devant la dernière collection de son créateur préféré. Tout en retenue, il se contentera d'esquisser un hochement de tête entendu à son acolyte et intériorisera le flot d'émotion qui le gagne.

MÉTHODE EXPÉRIMENTALE

Le rapport de la modasse au vêtement est empirique. La modasse sait qu'on ne met jamais de chaussettes blanches et que, malgré la croyance populaire, le noir et le bleu marine vont parfaitement ensemble.

PRÉCEPTES MODASSES

1. Si oversized en bas, alors fitted size en haut tu porteras.
2. Le total look tu banniras - sauf si mannequin tu es.
3. Pas d'oversized intégral, sinon à un sac tu ressembleras.
4. Pas de total fitted size, sinon à un cure-dent tu ressembleras.
5. Si gros tu es, manches courtes et rayures horizontales tu abhorreras.

CRÉATEURS DE PRÉDILECTION

Vivienne Westwood, Martin Margiela, Comme des Garçons, Dries Van Noten, Dolce&Gabbana, Jean Paul Gaultier.

PARENTS PROCHES

La fashionista, l'arty, le looké-décalé.

NON À COLETTE
OUI À L'ÉCLAIREUR
NON AU LAID
NON AU LAIT
(SAUF DE SOJA)
OUI AUX OMÉGAS 3

PASSE-TEMPS

Le cinéma asiatique.

Musique : Björk, Jay Jay Johansson, de l'opéra, de la musique de défilés (Frédéric Sanchez).

Le design, l'architecture.

La photographie.

Les vernissages.

La lecture de magazines type *Citizen K, Wad, L'Homme, Purple, Self Service, L'Uomo, Vogue* («*Le Vogue Australie est quand même nettement supérieur*»).

Seersucker et polo rose de
rigueur pour ce jeune qui fait
des ravages sur l'île de Ré.

NÉOMINET ISSU DE LA GRANDE BOURGEOISIE ET DE LA DROITE DÉCOMPLEXÉE, LE NAPPY A GRANDI ENTRE RALLYES[1], VACANCES EN YACHT ET SÉJOURS AU SKI. ENFANT GÂTÉ QUI PROFITE DU SYSTÈME ET JOUIT DE FAIRE PARTIE DES PRIVILÉGIÉS, IL EST, EN DÉFINITIVE, UN BCBG ARROGANT.

NAPPY ?

Nappy est l'acronyme de Neuilly, Auteuil, Pereire, Passy, bref de ce que l'on peut appeler les bas-fonds parisiens.

ÉDUCATION

Cancre notoire mais doué de certaines facilités, le nappy a fait ses classes dans une boîte à bac privée, voire un pensionnat jésuite (Juilly, par exemple) puis a intégré une prépa privée aux écoles de commerce de type Ipesup, quand il n'a pas étudié l'économie à l'université Dauphine ou à Sciences-Po Bordeaux (il faisait évidemment fait partie du BDE – bureau des élèves – ou du foy'z – le foyer – qui organisait les soirées étudiantes).

Depuis, il a bien l'intention d'utiliser tous les pistons de Papa et n'a qu'une idée en tête : gagner beaucoup d'argent.

« Moi, la vie d'artiste, la bohème, tout ça, ça me dégoûte. Plutôt crever qu'avoir une barbe de trois jours. »

---

1 Cité *in Nappy* de Danakil, sociodocumentaire édifiant sur la jeunesse dorée, 2003.
2 Cf Bcbg.

STYLE

Son apparence est celle d'un Bcbg bling-bling. Le minet porte vêtement de marque, jean Diesel et pull en cachemire, polo Ralph Lauren et Weston aux pieds, Rolex au poignet.

Ses cheveux sont mi-longs, et la mèche est de rigueur.

POLITIQUE

De droite, il est courant de croiser des nappys chez les militants des jeunesses UMP.

FÊTES

N'étant pas freiné par son argent de poche, il sort beaucoup et dépense une quantité d'argent en bouteilles, taxis et substances illicites.

FAMOUS NAPPYS

Jean Sarkozy, Pierre et Andrea Casiraghi

ENNEMIS

Les racailles «*Vivement que Nicolas nous nettoie tout ça*» (le nappy est légèrement raciste) et les jah-jah (comme ses parents, il n'aime pas les hippies), les socialistes. «*Les intermittents sont des fainéants. En plus je déteste le reggae.*»

LITTÉRATURE

Hell de Lolita Pille

«Comment c'est trop l'histoire de ma life, sérieux.»

MANIF DE DROITE

Ce film réalisé par Arnaud Contreras met en scène une vraie-fausse manifestation nappy/BCBG et ses slogans :

«Pas d'allocs pour les dreadlocks !»
«Moins d'Assedic, et plus de domestiques !»
«Cac 40, Cac 40 ! Ouais, Ouais !»
«Afrique, paye ta dette !»
«Moins de prévention, plus de répression !»

Ambiance nœud pap' et
collet monté : l'élégance est
une science.

NÉODANDY

IMITANT LA POSTURE HISTORIQUE DU DANDY, CET HOMME DE SALON À L'ÉLÉGANCE RAFFINÉE ET AU LANGAGE SOPHISTIQUÉ (CF. CAILLERA) SE DISTINGUE PAR SA PEUR PANIQUE DES CODES ET SON REFUS D'ÊTRE ASSIGNÉ À UNE CASE QUELCONQUE. LE DANDY 2000 VEUT COMME SON ANCÊTRE MARQUER ET SE DÉMARQUER, DANS UN «JEU ENTRE CONTRÔLE DE SOI ET EXPOSITION PUBLIQUE, INDIFFÉRENCE ET EXCÈS PROVOCATEUR[2]». PARADOXAL, INTRIGANT, SA DEVISE EN DIT LONG SUR SA VOLONTÉ DE BROUILLER LES PISTES : *«SI VOUS L'AVEZ REMARQUÉ, C'EST QUE JE NE SUIS PAS ÉLÉGANT.»*

ORIGINES

Insaisissable par nature, le dandy l'est déjà dans son appellation. L'origine du mot «dandy» pourrait dériver, entre autres, du français «dandin» (sot, niais) ou du verbe anglais *to dandle*, se dandiner. Mais attention : le dandysme n'est pas une coquetterie. C'est avant tout une posture intellectuelle, reposant sur la création d'un personnage idéal et absolument original, hors des courants et des modes.

LE BEAU BRUMMELL

Né en 1778, fils d'un domestique royal et authentique parvenu, George Bryan Brummell gagna le rang de favori du prince de Galles et d'indispensable à la Cour par sa repartie fulgurante, ses traits d'esprit irrésistibles et une mise des plus élégantes. Persuadé que seule une sobre excentricité pouvait faire de lui «l'arbitre des élégances et des bonnes manières», le «beau Brummell», tel qu'il était coutume

---

1 Baudelaire, *Le Peintre de la vie moderne*, 1859.
2 Francoise Coblence, «Dandysme», *Encyclopaedia Universalis*.

de le surnommer, imposa à la société anglaise une mode rigoureuse et exigeante répondant à l'impératif de la sobriété. Règle à laquelle ce beau dandy dérogeait pourtant, engoncé dans une cravate à la raideur telle que tout mouvement de tête lui était impossible.

La légende voudrait qu'entre autres, l'homme recommandait de lustrer ses bottes à la mousse de champagne.

DANDY SPIRIT

Plus qu'une posture vestimentaire - bien que le beau Brummell passât plus de cinq heures dans ses appartements à perfectionner sa tenue -, le dandysme est avant tout une exigence cérébrale et métaphysique. Distance, ironie, insolence : le dandy marque une volonté affirmée de toujours insuffler du « génie dans sa vie », au sens où l'entendait Oscar Wilde. Selon Daniel Salvatore Schiffer[1], le dandysme, signe de révolte, incarnerait, dans un monde où toutes les valeurs se sont effondrées, la perfection fantasmée, corps et âme, du surhomme nietzschéen.

LE SAVIEZ-VOUS ?

C'est en partie au beau Brummell que l'on attribue l'invention du costume-cravate de l'homme moderne. Les cols-blancs de la Défense lui doivent beaucoup.

Sa vie de dandy fut portée à l'écran en 1954 dans le film *Beau Brummell* par Curtis Bernhardt.

LE DANDY ET LES AUTRES

Le dandy éprouve une attirance certaine pour les grands et authentiques excentriques, les personnages insensés, ceux qui mettent le commun des mortels mal à l'aise et qui restent, à ses yeux, les derniers génies. Cet être éminemment mondain est à l'aise dans toutes les sociétés. Il pourra, le plus naturellement du monde, passer sa soirée à converser avec un travelo alcoolique décati qu'il considérera, sincère et bouleversé, comme le plus grand penseur de tous les temps : « *C'est magnifique ce que tu viens de dire là, c'est grand.* »

LE DANDY ET LUI-MÊME

Le dandy n'aimera surtout pas qu'on le traite de dandy. Il parlera d'un terme inventé par la presse.

1 Auteur de *Philosophie du dandysme*, PUF, 2008.

DANDY 2000

Le dandy contemporain ne se limite plus à la haute société, ses salons en toile de Jouy et ses dames poudrées qui gloussent derrière un éventail. Le dandy d'aujourd'hui est tout-terrain.

ÉDUCATION

Le dandy est éduqué, sa culture est classique : il a fait ses humanités. Vrai intellectuel, il sait jouer habilement des concepts, des mots. Sa curiosité sans bornes fait du monde un vaste terrain d'expérimentation. Son émerveillement, son enthousiasme sont les mêmes que ceux d'un enfant. Il pourra hurler de rire, les yeux pleins d'étoiles en disant :

«Regarde là-bas ! Une prostituée qui fait le trottoir ! C'est beau ! Et ce chien qui a l'air fou ! C'est beau aussi.»

LE DANDY ET LE TRAVAIL

Ne s'assignant à aucune case par définition, il n'a pas un mais mille métiers, tour à tour boucher, poète, écrivain, journaliste, mannequin, graphiste, horticulteur, taxidermiste, philosophe, notaire. *«Un homme moderne, en somme.»* Le dandy exécute son métier comme on endosse un rôle. Sa posture toujours un peu désinvolte est le signe de sa liberté, il est nulle part et partout à la fois, dilettante absolu et touche-à-tout de génie.

LE DANDY ET LA MUSIQUE

La troisième oreille

Ce don transforme tout déchet musical en or. Pour le dandy, certains disques de très mauvaise variété sont en réalité des chefs-d'œuvre méconnus.

Un disque de Richard Gotainer marque à ses yeux tout autant l'histoire que l'*Album blanc* des Beatles. DJ à ses heures, ses amis apprécieront ses mix improbables. Le dandy aime la musique du monde. Il chantera avec les musiciens du métro.

MODE DE VIE DANDY

Terre de contraste, le dandy aime déguster les meilleurs vins et dévorer des kebabs-frites-mayo-ketchup-sauce blanche. S'il voue un amour profond à la peinture flamande, il achètera néanmoins une aquarelle grotesque qu'il trouvera émouvante. Sa capacité à disserter des heures avec un philosophe des schèmes transcendantaux de la raison pure ne l'empêchera pas de jouer quelques heures plus tard à disperser çà et là quelques boules puantes dans une soirée guindée.

Il vouera la même admiration à Bach qu'au Wu-Tang Clan, à Leibniz qu'à Carlos.

MODE DE DANDY

« La mode doit être considérée comme un symptôme du goût de l'idéal sur-nageant dans le cerveau humain au-dessus de tout ce que la vie naturelle y accumule de terrestre et d'immonde[1]. »

« La brute se couvre, le riche ou le sot se parent, l'homme élégant s'habille[2]. »

On peut difficilement croire le dandy lorsqu'il nie accorder une grande importance à son apparence. Il reste, quoi qu'on en dise, une vraie coquette qui aime mieux étonner que plaire.

Le dandy fait faire ses costumes sur mesure par un tailleur ou s'habille chez Old England, et chine çà et là quelques raretés oubliées. Il aime s'équiper chez de vieilles et honorables maisons.

S'il affiche une préférence pour les costumes, les jolis foulards, les chaussu-res vernies, les boutons de manchettes et les chapeaux, il s'amuse également à prendre des risques : rien ne lui fait peur. Il peut oser la chemise rose et le pantalon africain Johnny Clegg.

Le dandy « n'est pas un habit qui marche tout seul mais […] une invention en acte. […] Il vomit la tendance puisqu'il ne veut pas de direction, il impose sa mode sans écrire dessus, sans en parler à la télévision[3] ».

FAMOUS DANDIES
Ariel Wizman, Édouard Baer, Vincent Darré, Philippe Katerine, Gonzales.

FAUTE DE GOÛT

L'apathie vestimentaire du no look est pour lui la plus grande des fautes de goût. En effet, si le dandy est sensible à son apparence, il l'est surtout à celle des autres.

Selon lui, la non-implication vestimentaire incarne le signe d'une résigna-tion à la domination, une absence de désir, une déshumanisation, un mau-vais goût ontologique.

Parallèlement, il déteste aussi les personnes qui font de leur apparence un sujet de conversation, à l'image de la fashionista.

---

1 Baudelaire, *Le Peintre de la vie moderne, op. cit.*
2 Balzac, *Traité de la vie élégante*, 1830.
3 Christophe Ono-dit-Bio, « Le dandysme », NRV, 1995.
4 *Ibid.*

«Les dandys bohèmes de Murger [...] n'allaient pas aux soldes presse et auraient volontiers vomi leurs absinthes sur la fashionista, qui est au dandysme ce que le veau de mer est au dauphin[4].»

FASHIONISTA

R'N'B

TEUFFEUR

FLUOKID

KAWAII

JAH-JAH

BOBO

NAPPY

HIPPIE CHIC

ARTY

NO LOOK

SKATEUR

BLING-BLING

MODASSE

BUTCH

BABY-ROCKEUR

OVERSIZED

PUNK À CHIEN

METALLEUX

BIMBO

TECKTONIK

CAILLERA

BABY-POUFFE

LOLITA

NÉODANDY

EMO

LOOKÉ-DÉCALÉ

NERD

MARIE-CHANTAL

GYM QUEEN

ELECTRO ROCK

BCBG

SUNSET BEACH

GOUINE À MÈCHE

BEAR

187

Derrière ses lunettes à triple
foyer, Florent ne rêve que
d'une chose : continuer sa
partie de wow.

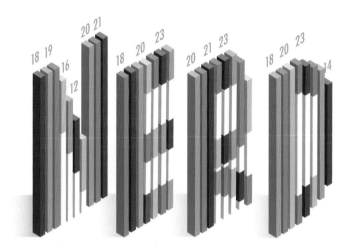

«INDIVIDU PASSANT SA JOURNÉE À CALCULER L'HYPOTÉNUSE DES MURS DE SA CHAMBRE ET À LIRE LE DICTIONNAIRE[1]. »
«PERSONNE AYANT LU PLUS DE DEUX LIVRES[2]. »

FOU DE SCIENCES, DE JEUX DE RÔLE ET D'ORDINATEUR, PASSIONNÉ DE TECHNOLOGIES EN TOUT GENRE, LE NERD[3] VIT DANS UN MONDE PARALLÈLE, PEUPLÉ DE PERSONNAGES D'HEROIC FANTASY, DE CODES INFORMATIQUES ET D'ELFES BONDISSANTS. VICTIME DU SYNDROME DE PETER PAN ET PROCHE DE CELUI D'ASPERGER, DOTÉ D'UNE INTELLIGENCE SUPÉRIEURE, CE MANIAQUE OBSESSIONNEL ET ATTACHANT AIME À PASSER LE TEMPS EN RÉSOLVANT QUELQUES PROBLÈMES DE MATHÉMATIQUES OU OCCUPER SON DIMANCHE À PLIER SES AMIS DU CLUB D'ÉCHECS.

Rejeté et raillé toute son enfance pour abus de bonnes notes et manque cruel de coolitude, le nerd a l'intention ferme de prendre sa revanche et de régner un jour sur ce monde de noobs[4].

---

1 Nerd, *La Désencyclopédie, op. cit.*
2 Selon le dictionnaire de la bimbo.
3 Prononcer : [neurd].
4 Personne qui débute sur l'Internet (de *newbie*).

LE NERD ET L'HISTOIRE

Le mot aurait fait son apparition aux États-Unis dans les années 50, comme une insulte venant désigner ce trop bon élève, inlassablement assis au premier rang. Plus intéressé par les différentes (et douteuses) phases évolutives du *science project* qui repose dans son Frigidaire que par la poitrine de sa voisine de classe, il est perçu par ses camarades comme un loser, un polard, un inadapté. C'est, dans la mythologie américaine, l'exact opposé du capitaine de l'équipe de football et petit ami de la *cheerleader*[1].

STYLE

Le nerd n'a pas de style à proprement parler, si ce n'est malgré lui.

ARCHÉTYPE

Cheveux gras, mauvaises dents et lunettes rafistolées par un bout de Scotch au milieu, jean trop court dévoilant des chaussettes blanches ou à motifs fantaisie (Bart Simpson, Bob l'éponge), chaussures à pompons.

IRL (*In Real Life*)

Dans la vraie vie, le nerd porte un T-shirt à l'effigie de ses idoles (Chewbacca, Harry Potter, un gnome), des baskets sans âge sur un jean informe, taille haute et un peu court.
Le nerd a généralement un rire de cheval qui met tout le monde mal à l'aise. La mue de sa voix semble éternelle. Il souffre généralement d'halitose aiguë[2].

CULTURE NERD

La culture nerd est essentiellement américaine, liée à la science-fiction, à l'univers fantasy et à la cyberculture. Le nerd cherche toujours l'émerveillement originel, semblable à celui qu'il a connu enfant lorsqu'il découvrait *L'Histoire sans fin* ou *Le Monde des Ewoks*.

FONDAMENTAUX

Star Wars (épisodes 4, 5 et 6 seulement, il s'est senti trahi par les nouveaux épisodes, et hait Jar Jar Binks[3]).

La trilogie ***Matrix***, ***Le Seigneur des anneaux***, ***Tron***, ***War games***, ***Excalibur***, ***Dark Crystal***, ***Conan le barbare***, ***Willow…***
Mais aussi les séries :
Star Trek, ***Battlestar Galactica***, ***Xena la Guerrière*** et ***Lost***.
Tous les superhéros américains :
Batman, **Superman**, **Spiderman**, **Ironman**.
La littérature SF :
Le Neuromancien de **William Gibson**, la saga du ***Seigneur des anneaux*** de Tolkien, ***Le Guide du voyageur galactique*** de Douglas Adams.

---

1 Pom pom girl.
2 Il sent mauvais dans sa bouche.
3 Habitant de la planète Naboo, nouveau personnage des épisodes 1, 2 et 3 de *Star Wars* un peu crétin.

Les figurines :

Warhammer.

les jeux de rôle :

Donjons et Dragons.

Les jeux vidéo :

Final fantasy, Zelda, Starcraft ou **World of Warcraft.**

Les films en appartements germano-pratins de la Nouvelle Vague le feront en revanche moyennement voyager.

LE NERD ET SON COPAIN

Généralement, le nerd n'a qu'un ami. Il s'agit souvent d'un jeune surdoué asiatique, génie des mathématiques et de l'ordinateur, lui aussi socialement exclu. Leur amitié, pudique, repose sur leurs passions communes. Ils ne se connaissent somme toute pas très bien et n'ont pas d'attaches affectives réelles. Aucun des deux ne saura donner la date exacte de l'anniversaire de son ami mais connaîtra en revanche par cœur les codes d'accès à son ordinateur.

FAMOUS NERDS

Bill Gates
Steve Jobs

LE NERD ET LES FILLES

Les filles mettent le nerd très mal à l'aise. Cette machine humaine dont il ignore le système d'exploitation le laisse perplexe.

MUSIQUE DE NERD

MC Frontalot, rappeur nerd et créateur du Nerdcore. Voir le film *Nerdcore Rising* de Negin Farsad et Kim Gatewood, 2008.

RÉAPPROPRIATION ARTY / LOOKÉ-DÉCALÉ

Le look nerd est de nos jours furieusement branché, «dans le coup», comme dirait la Marie-Chantal[1]. Les chemisettes, le pantalon un peu court, le sous-pull en acrylique ou le gilet sans âge sont autant d'éléments ringards devenus tendance. Il ne faut pas oublier que les lunettes de vue Wayfarer, l'attribut majeur du nerd, sont aujourd'hui l'élément cool par essence[2].

---

1 Cf. Marie-Chantal.
2 Cf. Lolita.

GEEK

TOUT AUSSI OBSESSIONNEL QUE SON GRAND FRÈRE LE NERD, LE COMPUTER GEEK VOUE UNE PASSION EXCLUSIVE À L'ORDINATEUR, «MACHINE» DES DIEUX. IL OCCUPE AINSI SES JOURNÉES À PROGRAMMER, DÉPROGRAMMER ET «FAIRE DU CODE» (ÉCRIRE DES LIGNES DE CODE), ET PEUT TRAÎNER DES HEURES SUR DES FORUMS DE GEEKS À FAIRE QUELQUES BLAGUES BIEN SENTIES SUR WINDOWS. ALORS QUE L'INTERNAUTE LAMBDA CONSULTERA SES MAILS, TÉLÉCHARGERA VAGUEMENT UN MP3 ET ESPIONNERA SES AMIS SUR FACEBOOK, LE COMPUTER GEEK, LUI, S'ÉCHINERA À TROUVER QUI HÉBERGE LE SITE ET OÙ A ÉTÉ ACHETÉ LE NOM DE DOMAINE.

LE COMPUTER GEEK ET SA MACHINE

Son bébé, sa vie, sa raison d'être. Il a avec elle toutes sortes de comportements un peu bizarres et incompréhensibles pour le non-geek.

UPTIME

Vous ne verrez jamais un geek éteindre son ordinateur après une journée de World of Warcraft. L'ordinateur du geek restera toujours allumé dans l'espoir de battre un jour le record d'uptime, à savoir le temps depuis lequel l'ordinateur tourne sans interruption. À ce jour, le record serait de 11 ans, 303 jours, 20 heures et 57 minutes.

FOSSILES

Un vrai geek ne jette jamais ses machines défaillantes mais les conserve précieusement en vue d'un éventuel recyclage, du clavier jusqu'au vieux fax désossé qu'il garde dans l'idée de récupérer l'écran à cristaux liquides afin d'en faire un indicateur de température pour son PC[2]. Les carcasses vieilles et inutilisables sont elles exposées comme des pièces de musée. Son bureau est un sanctuaire qui respire au rythme des ventilations de ses machines vivantes.

---

1 Prononcer : [guiik].
2 Anecdote rapportée par le site www.copinedegeek.com

LE COMPUTER GEEK
ET LE RESTE DU MONDE

Contrairement au nerd, le computer geek a une vie sociale en dehors de ses rencontres en ligne. Ses amis, geeks naturellement, partagent sa passion, lui échangent des programmes et l'accompagnent aux rencontres du logiciel libre et autres Linux expos.

LE COMPUTER GEEK ET L'AMOUR

Le computer geek, moins farouche que le nerd, peut avoir de temps en temps une compagne réelle - demoiselles à faible sensibilité informatique s'abstenir. Il passera des soirées romantiques éclairées à la lumière de l'écran à parler logiciels de pointe et la larguera par mail lorsqu'il apprendra que sa machine tourne sous Windows.

LE COMPUTER GEEK ET LA VIE ACTIVE

Aussi étonnant que cela puisse paraître, le geek se destine à des métiers tels qu' ingénieur système et réseaux, programmateur, développeur, architecte Java EE, webmaster, graphiste, responsable informatique[1].

AUTRES TYPES DE GEEKS

Gamer : fan de jeux vidéo, le gamer, lui aussi vissé à son ordinateur, cherche simplement à jouer sans s'embarrasser du reste. On le croise souvent lors de rencontres extérieures de joueurs en réseau : les LAN (*local area network*) parties. Il est abonné à de nombreux magazines et travaille son érudition dans le domaine exclusif du jeu vidéo, qu'il pratique assidûment. Sa passion : le MMORPG, jeu de rôle en ligne massivement multijoueur, de type Warcraft. Plus tard, il se rêve en testeur ou en programmateur de jeux vidéo.

Heroic geek : Fondu de médiéval fantastique et d'heroic fantasy, ce geek est également un «rôliste[2]» qui aime organiser des rencontres GN (grandeur nature) où il peut expérimenter au grand jour ses aventures déguisées, assouvissant ainsi son rêve de batailles.

SF geek : Fan de science-fiction et de récits fantastiques, il collectionne figurines et posters et parle l'elfique ou le klinglon[3].
Le geek, multidimensionnel, peut être à la fois computer-heroic-sf geek. Le cas échéant, il porte le nom *d'ultimate geek*.

STYLE GEEK

Tout comme le nerd, le geek attache peu d'importance à son apparence et peut passer un certain nombre de jours en pyjama devant sa machine. La douche n'est pas son amie. Ses cheveux sont longs et sales, il est souvent barbu. Sa mauvaise hygiène de vie - manque de sommeil, inactivité - lui colle une mine verte constellée de boutons.
Les jours où le geek s'habille, il porte un jean qu'il rehausse d'un T-shirt de geek à message type : *«It must be an user error !» «Error404 !» «No, I don't work here».*

---

1 Le chef informatique d'une entreprise est souvent appelé «alpha geek».
2 Qui participe à des séances de jeu de rôle et en collectionne les livres de règles.
3 Langue des méchants dans la série télévisée *Star Trek*.

COMMENT SE NOURRIT LE GEEK ?

Mal : surgelés ou MacDo froids.

La nourriture pour le geek constitue toujours une perte de temps. Le geek profitera d'un chargement important de sa machine pour ouvrir le Frigidaire et en sortir les mets les plus déprimants, comme un Bolino ou des lardons crus. Dans ses jours gourmets, il commandera une pizza ou se fera réchauffer au micro-ondes des ailes de poulet qu'il mangera devant son PC.

OÙ CROISER UN GEEK ?

Chez lui dans sa cuisine. Sur un forum.

FAMOUS GEEKS

Peter Jackson, Quentin Tarantino.

QUELQUES NOTIONS DU LANGAGE GEEK

Wow : ce terme ne trahit pas un émerveillement quelconque du geek mais désigne simplement l'acronyme du jeu World of Warcraft.

1337 5p34k[1] : écriture utilisant les caractères alphanumériques ASCII, à l'origine langage de hacker[2], employée désormais pour se la péter sur les blogs et forums ou pour spammer en toute tranquillité et contourner les mesures de filtrage. VIAGRA deviendra par exemple V14GR4.

Troll : provocation adressée au geek visant à le ridiculiser en posant de mauvaises questions, en s'attaquant de manière plus ou moins directe à un sujet qui lui est cher, et en tentant de faire vivre le sujet dénué de sens le plus longtemps possible. Exemples : «*Microsoft dans 10 ans y vendent plus de logiciels*» ou «*La meilleure version d'Internet explorer n'équivaut même pas à la pire version de Firefox*». Ce genre de sujets déchaîne les forums geeks et nerds. Lorsque la moitié des geeks ne s'aperçoit pas qu'il s'agit d'une provocation volontaire, le troll est réussi. Le trolleur est généralement un wannabe geek, un internaute égaré qui passait par là ou un geek farceur. Notez qu'il faut avoir certaines notions geek pour troller.

MDR (HUMOUR GEEK)

« Seul Chuck Norris est arrivé à installer World of Warcraft directement sur sa carte mère en tant que système d'exploitation. »

« J'adorerai changer le monde, mais pas moyen de mettre la main sur le code source. »

« La vérité est ailleurs, loin des pc. »

« La vérité est ailleurs, loin des pc, près des Macs. »

« Ingrid Betancourt dans l'avion la ramenant en France: "Alors ? Il est comment Duke Nukem Forever ?" »

« Si Bill Gates devait gagner un centime chaque fois que Windows plante... Eh !!! Mais c'est le cas ! »

ET LA MEILLEURE POUR LA FIN

« **Flash, c'est de l'adobe.** » ☺

---

1 *Leet speak.*
2 Pirate informatique.
3 Définition de *La Désencyclopédie, op. cit.*

LANGAGE INFORMATIQUE

« Un langage informatique est une langue que parle votre ordinateur couramment ou la langue que vous devez utiliser vous-même pour lui parler si vous ne savez vraiment plus quoi faire[3]. »
Saurez-vous deviner quels sont ces poèmes transposés en langage informatique ?

```
if (this == «mes cahiers d'écolier» || this
== «mon pupitre» + «les arbres» || this ==
«sable» || this == «neige») {
 print(«ton nom») ;
}
```

Solution :

« Sur mes cahiers d'écolier
Sur mon pupitre et les arbres
Sur le sable sur la neige
J'écris ton nom
Liberté. »
(Paul Eluard, « Liberté », 1942.)

OU ENCORE :

```
if (this < pontMirabeau) {
this.mode = Style.ZEUGME ;
seine.coule() ;
amours.coule() ;
}
if (getSouvenir() == true) {
if (joie == true)
peine++ ;
}
if (vientLaNuit()) {
heure.sonne() ;
jours-- ;
this = ME ;
}
```

« Sous le pont Mirabeau coule la Seine
Et nos amours
Faut-il qu'il m'en souvienne
La joie venait toujours après la peine
Vienne la nuit sonne l'heure
Les jours s'en vont je demeure. »
(Guillaume Apollinaire, « Le pont Mirabeau », 1913.)

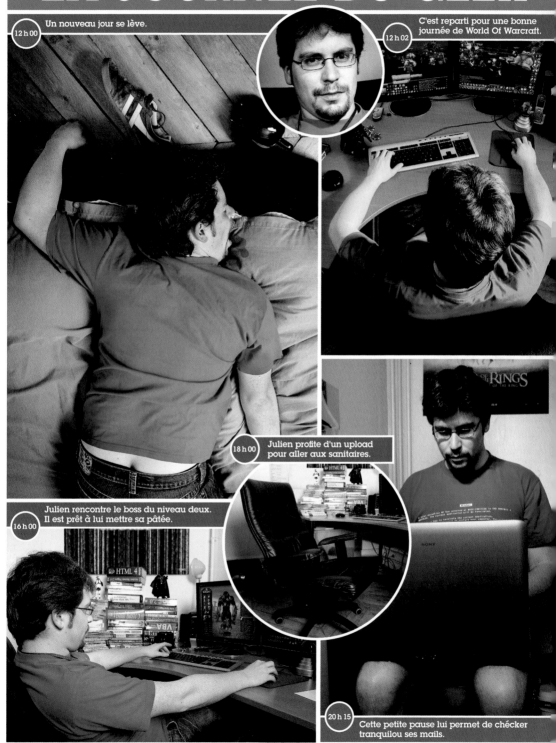

LA JOURNÉE DU GEEK

12 h 00 — Un nouveau jour se lève.

12 h 02 — C'est reparti pour une bonne journée de World Of Warcraft.

18 h 00 — Julien profite d'un upload pour aller aux sanitaires.

16 h 00 — Julien rencontre le boss du niveau deux. Il est prêt à lui mettre sa pâtée.

20 h 15 — Cette petite pause lui permet de chécker tranquilou ses mails.

0 h 00 — La partie bat son plein.
Julien est à bloc.

2 h 08 — À peine le temps d'avaler une knacki le temps
que son ordinateur déplante.

4 h 11 — DANS TA FACE LE MONSTRE.

5 h 22 — PRENDS ÇA.

6 h 00 — Dodo clavier.

Jean standard, pull noir et
baskets ordinaires pour un
look admirable de banalité.

NO LOOK

QUIDAM APPARTENANT À L'IMMENSE MAJORITÉ DES SANS LOOK QUI PRIVILÉGIENT LA FONCTIONNALITÉ AVANT L'ESTHÉTIQUE, LE NO LOOK EST UN ÊTRE STYLISTIQUEMENT NON IMPLIQUÉ QUI RELÈVERAIT, SELON LA PELTAG[1], DE LA CATÉGORIE DES INDIVIDUS NON SENSIBLES.

STYLE

Jean, T-shirt blanc, pull noir. Baskets quelconques. L'été : bermuda, T-shirt blanc, Croc's[2].

SOCIOTYPE

Monsieur Tout-le-Monde

FILMS

La Grande Vadrouille
Les Bronzés
La Gloire de mon père
Bienvenue chez les Ch'tis

MUSIQUE

Moby
Dido
U2
Coldplay
Zazie

LITTÉRATURE

L'Alchimiste, Paulo Coelho
Le Da Vinci Code, Dan Brown

PHRASE PRÉFÉRÉE

«Salut ça va ?
- Comme un lundi. »

---

1 Police européenne du look, de la tendance et de l'avant-garde (www.peltag.blogspot.com).
2 Sabots en plastique à trous de couleurs variables. Probablement les chaussures les plus laides depuis les No Box (baskets à talons compensés).

Thibaut arbore maxisweat à
capuche et T-shirt géant pour
un confort optimum.

SILHOUETTE XXL PLISSÉE COMME UN SHAR-PEI, L'ALLURE OVERSIZED, ISSUE DE LA CULTURE HIP-HOP AMÉRICAINE, EST IDÉALE LORSQUE L'ON A QUELQUE CHOSE À CACHER, QUE L'ON SOIT UN HOMME ARMÉ, UNE PERSONNE EN SURPOIDS[1] OU UNE ADOLESCENTE QUI TENTE DE DISSIMULER SA GROSSESSE[2].

ORIGINES

Dans les années 90, les Noirs américains, en pleine glorification du gangsta rap[3], adoptent un style à forte référence pénitentiaire (baggy, chaussures délacées) en augmentant, par provocation, les tailles vestimentaires conventionnelles. Véhiculé par les clips de rap, le style oversized incarne dès lors la marque des *thugs*[4], s'exporte outre-Atlantique et devient un basique récupéré par les plus grands couturiers.

Plus prosaïquement, le style oversized naît de la nécessité : la pauvreté de certains foyers noirs américains aurait contraint les derniers membres des fratries à hériter des vêtements de leurs aînés, trois fois supérieurs à leur taille.

STYLE

White tee : T-shirt en coton blanc extralarge et ultralong qui descend jusqu'aux genoux, le *white tee* est l'une des pièces maîtresses de la garde-robe oversized. Sa popularité est telle que ce grand bout de tissu dispose même de son propre hymne : la chanson «White Tee» composée en 2004 par Dem Franchize Boy, groupe de rap originaire d'Atlanta, dont le refrain :
«*I slang in my white tee*
I bang in my white tee
All in the club spitting game in my white tee
I bling in my white tee
Serve friends in my white tee
Fuck a throwback I look clean in my white tee», raconte en substance tous les trucs pas bien que l'on peut faire avec son grand T-shirt blanc.

---

1 Un Gros.
2 Fille mère.
3 Cf. Caillera.
4 Très populaire dans le rap américain, ce mot signifie « caïd » en français.

Throwback jersey : ce maillot de sport (basket-ball, base-ball, football américain) vintage démesurément long, à la gloire d'une légende du sport passée, est très prisé par l'oversized.

Baggy : le baggy (que ce soit un jean, un treillis ou un bermuda baissé jusqu'au mollet) règne en maître sur la panoplie oversized. Son origine est pénitentiaire. Dès leur arrivée en prison, les prisonniers se voient démunis de leur ceinture et des lacets de leurs chaussures pour éviter toute tentative de suicide ou d'agression. Ils héritent alors de pantalons très larges, tombant quasiment sous les fesses, pantalons qu'ils continuent de porter de la sorte une fois leur peine achevée, faisant ainsi allusion à leur dangerosité et leur passif de gangsta.

Sagging : le sagging consiste à porter son pantalon de la manière la plus lâche possible. À l'origine, seule la bande supérieure du sous-vêtement était montrée. Depuis, démocratisée par le baggy, cette pratique s'est démultipliée. En voici quelques exemples :

Butt sagging
Seul l'arrière du pantalon est baissé jusqu'aux hanches, découvrant légèrement le postérieur.

Straight sagging
Le pantalon ou le short est baissé jusqu'aux hanches, à l'avant comme à l'arrière, maintenu par une ceinture.

Sagging extreme
Les sous-vêtements sont apparents, les fesses entièrement découvertes.

Double sagging
Deux sous-vêtements superposés dépassent du pantalon.

Freeball sagging
Baggy de plage (maillot de bain porté bien bas).

Le choix du sous-vêtement est essentiel : la matière (Lycra, coton) et la couleur révèlent en effet le gang auquel vous appartenez.

La pratique du sagging s'étend jusque dans les communautés rock, tecktonik et emo, où il est de bon ton de porter son slim au-dessous des hanches.

Le saviez-vous ? Proscrit dans de nombreuses écoles américaines, le baggy, jugé indécent, déjà interdit en Louisiane, sera bientôt illégal dans les villes d'Atlanta, Baltimore et Dallas, dans le cadre de la lutte contre les gangs. Par son imitation vestimentaire de la culture pénitentiaire, le baggy est en effet accusé de conduire les jeunes Noirs en prison.

Que penser du jean neige ?

PRÉCURSEURS OVERSIZED[1]

Les Inc'oyables : baptisés ainsi en raison de l'extravagance de leurs tenues, ces contemporains de la Révolution française (qui ôtèrent de leur nom la lettre maudite de la Révolution) bouleversèrent les mesures des habits de l'époque en augmentant ou en réduisant les cotes conventionnelles. Incroyable.

---

1 Cf. Pascal Montfort, « C'est bien la taille qui compte… », article publié sur le site de l'association des anciens élèves de l'école de stylisme ESMOD.

LE TOTAL LOOK

bonnet de b-boy

T-shirt qui va de là

jean XXL rapiécé pour cause de
break dance intense

jusque-là

indispensables
baskets à scratch

Les zazous : lors de la Seconde Guerre mondiale, de jeunes excentriques parisiens vêtus de pantalons larges et de vestes trop grandes pour eux s'élevèrent, à leur manière, contre la restriction et le rationnement du tissu en arborant des pantalons démesurés. Pièce phare du vestiaire zazou, le zoot-pantalon, taille haute, large et resserré en bas, fit date et fut même récupéré par les sapeurs[1], les rappeurs ou l'élégant Kid Creole.

Souvenez-vous du pantalon de Mc Hammer dans le clip culte de «U Can't Touch This»

Subversif, le port du fameux pantalon fut perçu comme un acte de rébellion aux États-Unis. Les zazous américains - pour la plupart noirs et latinos - se virent accusés, entre autres, d'inciter au crime et devinrent les cibles de bavures et de violences racistes, qui atteignirent leur paroxysme lors des émeutes de juin 1943 baptisées *Zoot Suit Riot*, qui opposèrent les militaires américains aux *Zoot Suiters* latinos.

NOURRITURE
Maxi best of. Frites à volonté.

ICÔNES
Notorious Big, Jay Z, Flavor Flav du groupe de rap Public Enemy, connu pour porter une horloge démesurée autour du cou, Snoop Dogg, Ali G, notre M Pokora national, Lil Wayne, Missy Elliott, Salt'n'Pepa, Mc Hammer, Mary J Blige, LL Cool J.

PARENTS PROCHES
R'n'b, cailleras, fluokids.

SOCIOTYPES
Étudiants, videurs, éducateurs spécialisés, rappeurs, b-boys.

PINGU EFFECT
Le style oversized offre un confort indéniable mais restreint l'activité sportive. Courir en baggy n'est pas chose simple. Gare à l'effet pingouin.

---

1 Membres de la Société des ambianceurs et des personnes élégantes (la SAPE) pratiquant une mode vestimentaire populaire née après l'indépendance du Congo-Brazzaville et du Congo-Kinshasa, se distinguant par leurs vêtements d'un luxe ostentatoire (Cf. Bling-bling).
2 Dérivé de l'expression *drive-on rag*, à l'origine employée par les soldats américains de la guerre du Vietnam en référence au bandeau musulman que les soldats utilisaient comme couvre-chef. Le terme ferait aussi référence à l'expression anglaise *hairdo* (coiffure).

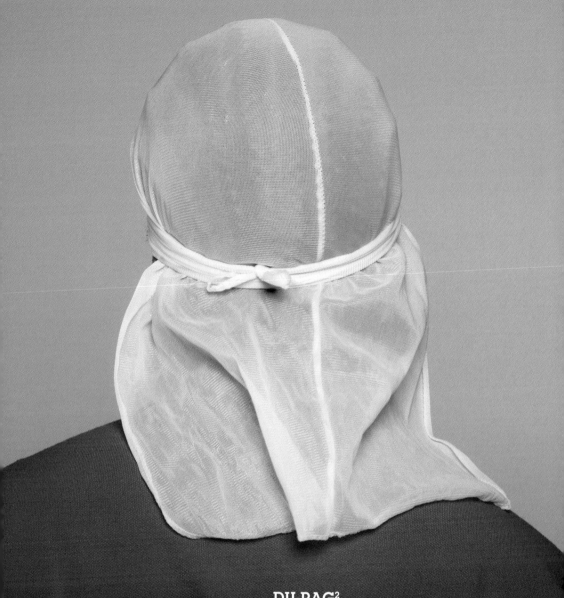

DU-RAG[2]

Long pan de tissu en nylon noué derrière la tête qui retombe sur la nuque, parfait mouchoir de fortune les jours de disette, le du-rag était à l'origine utilisé la nuit pour protéger les coiffures afro des affres du sommeil, permettant ainsi une meilleure pénétration du soin lissant. Il a aujourd'hui gagné ses galons de couvre-chef.

Luc, jamais sans mon chien.

PUNK À CHIEN

OSCILLANT ENTRE JOIE ET TRISTE RÉSIGNATION, CE ROI
DE LA DÉBROUILLE EST L'UN DES DERNIERS SURVIVANTS
DE LA CONTRE-CULTURE.

AMI DU BITUME, DES BÊTES ET DE LA BIÈRE, LE PUNK À CHIEN EST UN
IDÉALISTE QUE LA SOIF DE LIBERTÉ A CONTRAINT À LA MARGINALITÉ.
REFUSANT DE JOUER LE JEU DE LA SOCIÉTÉ ET D'INTÉGRER LE MONDE
DU TRAVAIL, IL RÊVE DE SILLONNER LE MONDE EN CAMION, DE
FESTIVAL EN FESTIVAL, DE SQUAT EN SQUAT, DE VILLE EN VILLE, DE
CHIEN EN CHIEN, DE BIÈRE EN BIÈRE, ÉTERNELLEMENT.

Zonard, squatteur et anarchiste, le punk à chien est un être nomade et in-
soumis, selon lui, au système et aux valeurs de la République. Son nom lui
vient de l'expression anglaise *gutter punk*, signifiant littéralement «punk de
gouttière» ou «punk de caniveau». Soumis à la mendicité, on le croise aux
abords des supermarchés ou dans des rues commerçantes en position assise,
entouré de son fidèle compagnon et de ses semblables. Généralement sous
l'emprise de l'alcool ou de diverses substances illicites, il tient, ivre de sa propre liberté, des propos inintelligibles aux passants.

STYLE

Récup : l'allure du punk à chien est
intrinsèquement soumise à la philosophie DIY, une pratique de bricolage
vestimentaire pour un look soigneu-
sement customisé. Le punk à chien
peut à l'occasion s'improviser styliste
et coudre ensemble des débardeurs
trouvés chez Emmaüs pour en faire
un T-shirt qu'il recouvrira de toutes
sortes d'inscriptions contestataires.

L'apparence du punk à chien obéit aux lois de l'attraction terrestre : tout y est tombant.

Son manteau, son treillis, l'accumulation de vieux pulls informes et troués les uns sur les autres, son sac à dos, ses poignets de force ploient sous la pression de sa vie au grand air. Généralement vêtu d'une parka militaire, pratique pour parer aux caprices du temps, le punk à chien a adopté le style guérilla urbaine : treillis, marcel, rangers, bracelets à pointes.

Le punk, qu'il soit avec ou sans chien, est par définition un militant. À la grande époque, l'adoption d'un blouson type bombers (en toile satinée) lui permettait de glisser entre les mains de la police tandis que les chaussures coquées types Doc Martens autorisaient une réponse de circonstance aux coups des forces de l'ordre.

Coiffure : la crête est là pour signifier un rejet des conventions capillaires et de l'aliénation au peigne couplé à un retour au tribal par la coloration des mèches et l'emploi du piercing. L'option «rasage intégral de crâne» est un hommage aux exclus de la société, mais aussi une parade antipolice pour ne pas être attrapé par la mèche (risque quotidiennement encouru par l'individu de type emo[1]).

LE CHIEN À PUNK

Avant d'être une parade à la solitude des nuits d'hiver, le chien est un rempart contre la police. Volontiers gueularde et provocatrice, la bête n'est pas l'amie des agents de la paix. La possession d'un chien évite aussi à son maître centres d'hébergement et autres refuges de l'État, interdits aux animaux.

AMOURS CANINES

Le punk à chien se fournit à la SPA où il adopte un chien généralement bâtard, croisement de berger allemand et de rat crevé. Habitués à la rue, traumatisés par les sévices qu'ils ont subis dans le passé, avides de caresses et d'amour, les chiens à punk sont le plus souvent très attachants. Le maître baptisera son chien d'un nom fort et revendicatif : Zombie, Cosette, P'tit mec ou Pays de Merde.

MALTRAITANCE MUSICALE

Maigre, fourrure pelée et parcourue de puces, le chien à punk est souvent à moitié sourd, car son maître, réputé pour avoir l'oreille musicale, l'emmène dans tous les festivals afin de l'initier à sa passion.

Bien plus qu'un compagnon, le chien est un jumeau, un frère. Son bien-être passera toujours avant celui de son maître.

« Tant que mon chien est heureux et qu'il a à manger, tout roule. »

LA RUE

Métro, boulot, dodo sont autant d'ennemis du punk à chien qui leur préfère route, manche et défonce. Comme tout bon punk anar, s'il a choisi le déclassement, il est prêt à en subir les conséquences mais n'a pas pour autant fait vœu de pauvreté. Ses rê-

---

1 Cf. Emo.

ves de liberté ont un prix : celui du «camtar» (camion) à acheter pour pouvoir «tracer» la route. Il est donc nécessaire au punk à chien de solliciter auprès de citoyens généreux une participation charitable à son désir d'évasion et par conséquent d'officier dans la rue.

Il reconnaît d'ailleurs entre deux gorgées de 8-6 que, ce faisant, il dépend paradoxalement de ce système qu'il exècre tant. «*Ouais, mais moins que ces toquards ! Moi j'me taille quand je veux ! Ah ah ah ! Globule, viens ici ! Con de chien.*»

LES SQUATS

Le punk à chien tient à son petit confort. Il dort soit dans son camion, s'il en est pourvu, soit dans un squat, une habitation vacante qu'il occupe avec ses congénères.

TO SQUAT

Le terme signifie s'accroupir en anglais, mouvement que le punk à chien pratique près de mille fois par jour. Le squat est généralement précaire, loin de la suite royale, même si certains disposent d'aménagements sophistiqués qui n'ont rien à envier aux chambres de bonne les plus bourgeoises. Le punk à chien y vit par nécessité et par conviction, affichant ainsi son refus de la propriété privée.

La communauté repose sur un principe d'autogestion et une organisation pragmatique du quotidien. Il n'y a pas de chef et chacun travaille au bon fonctionnement du lieu ainsi qu'à l'organisation d'alternatives culturelles et politiques.

> Au chaud dans son squat, le punk à chien dessine des affiches pour les concerts qu'il organise, s'occupe d'un fanzine, crée ses habits, ou se défonce, tout simplement.

Attention : le squat des punks à chien n'a évidemment rien à voir avec celui des baby-rockeurs qui, on le rappelle, occupent le temps d'une soirée des hôtels particuliers peuplés de lévriers afghans.

LA NOURRITURE

Vous pensez que le punk à chien ne mange que du cassoulet en boîte et des miettes de thon ? Vous avez tort. Il connaît toutes les combines pour se faire un bon repas aux frais de la princesse en récupérant les invendus des meilleurs traiteurs pour un vrai repas gourmet, et guette la fin des marchés pour emporter les restes et contribuer ainsi à la lutte contre le Grand Gâchis Universel de Nourriture. Ami des bêtes et de la nature, il n'est d'ailleurs pas rare que le punk à chien soit *vegan* (végétalien) ou *veggie* (végétarien). Clodo d'accord, mais bio avant tout.

LA DROGUE

On pourrait croire que le punk à chien se drogue.

Eh bien oui, le punk à chien se drogue et pas qu'à moitié. Ces produits préférés sont très chimiques : MDMA, LSD, ecstasy, acides… Il a également recours à des produits beaucoup moins drôles comme l'héroïne, la kétamine et le crack.

---

1 Cf. Bobo.

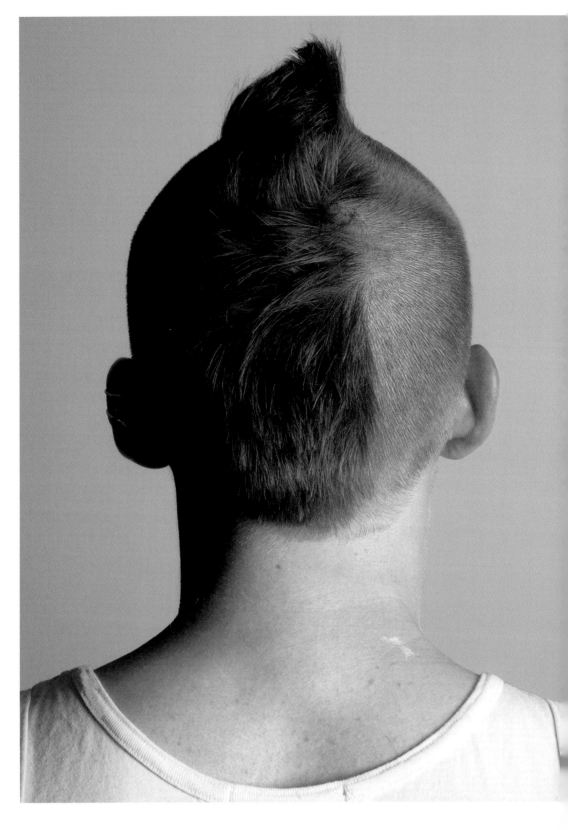

LE TRAVAIL

Le punk à chien n'est pas qu'un crevard qui fait la manche dans une oisiveté béate. Il lui arrive même de travailler. Vous cherchez des bras pour vos cueillettes de prunes, pommes de terres, mirabelles ? Habitué qu'il est au travail saisonnier, le punk à chien sera de toutes les vendanges, de toutes les récoltes. Sinon, le punk à chien fait des cendriers en canettes de 8-6, et ça c'est balèze. Il les revend sur des marchés à de jeunes bobos[1] qui trouvent que c'est de l'art.

LE FESTIVAL D'AURILLAC

Rendez-vous estival des punks à chien, jah-jah et wawash[1] de tous pays, le festival d'Aurillac et son théâtre de rue est l'un des événements incontournables du punk à chien. Il y retrouve ses amis et assiste, ému et accroupi, à des spectacles de marionnettes en haillons et de cracheurs de feu à dread unique.

LE CRUST PUNK

Le punk à chien dispose de son propre punk, le crust punk ou «punk de punk à chien», qui mêle au punk traditionnel des éléments hardcore. Ce mouvement politisé (anarchie, autonomie, squats) est proche de l'anarcho-punk. Sur le plan musical, le son est cousin du punk rock, mais la musique, plus rapide, est davantage semblable au grindcore[2].

PUNKETTE À CHIEN

La parité est respectée chez les punks à chien, à condition que la punkette à chien soit un tant soit peu débrouillar-de. Une fille assistée ou trop fragile ne tiendra pas longtemps : la vie des punks à chien est dure, la maladie et la mort rôdent, la précarité, la faim et le froid aussi. Pas de place pour les fillettes. Dehors, c'est la jungle.

La punkette à chien doit être courageuse, prête à ne pas se laver pendant des mois, à oublier le maquillage et les habits de lumière. Elle doit apprendre à se faire respecter par ses congénères mâles. Et y arrive sans trop de peine car c'est généralement un garçon manqué.

« L'an dernier j'ai perdu cinq dents. Mais je m'en fous de mon physique. La rue, c'est pas pour les pouffiasses. »

LA COMMUNAUTÉ

Substitut d'une famille que le punk a dû quitter pour cause de sévères divergences sur son avenir, la communauté est une cellule de solidarité et d'entraide. La vie des punks à chien est loin d'être douce et il leur est fondamental de pouvoir s'épauler les uns les autres. Un ami pourra par exemple s'occuper d'un chien dont le maître est trop déchiré rapport à la drogue. La communauté des punks à chien, nationale et européenne, accueille les punks à chien de tous pays.

---

1 Cf. Jah-jah.
2 Cf. Metalleux.

LE PUNK À CHIEN
EST-IL HEUREUX ?

Il semble l'être, même si son état de délabrement est tel que les larmes lui montent facilement aux yeux quand on le questionne sur l'enfance et le cortège de ses regrets. Isolement, addictions diverses, anarcho-nihilisme : on ne parie pas cher sur la survie de l'espèce punk.

Pourtant le punk a résisté à bien des époques (le giscardisme, le mitterandisme, le chiraquisme et le sarkozysme n'ont pas encore eu sa peau). Il ne demande qu'à sillonner le monde et vivre heureux dans son camion, avec son chien et qui sait, peut-être un jour, sa descendance à laquelle il racontera, les yeux embués, les aventures de Rémi Sans Famille, premier et authentique punk à chien de l'histoire.

Coupe afro et top asymétrique,
Kimy regarde loin loin loin vers
l'avenir.

« JE SUIS FIER D'AVOIR TON LOVE,
TE POSSÉDER DANS CES DRAPS
DANS CETTE ALCAUVE[1]. »

SEXY ET DÉTERMINÉE, LA FEMME R'N'B AVANCE VERS SON DESTIN, CRÉOLES AU VENT, PIÉTINANT DE SON TALON AIGUILLE LES CADAVRES DE SES AMANTS ÉCONDUITS. MUSE ÉTERNELLE DES SONNETS DE L'HOMME R'N'B, À L'AISE AVEC SON CORPS ET SES ÉMOTIONS PERSONNELLES, ELLE INCARNE À SON CÔTÉ CETTE FAMEUSE «COOLITUDE BLACKISANTE» QUE TANT DE BLANCS LUI ENVIENT.

STYLE DE FILLE

Ça brille : Bain de strass, de paillettes et de diam's, le style répond à l'impératif glitter[2] du «tout ce qui est beau brille» et convoque la garde-robe hip-hop et soul. La penderie féminine r'n'b intègre baskets, baggy extralarge et débardeur moulant, gilet à capuche et grosses boucles d'oreilles. Mais peut, dans un style des plus casual chic, réunir jean taille basse, ceinture à grosse boucle siglée, bottes pointues à talons aiguilles, maquillage chargé, doudou-ne blanche matelassée un peu courte à capuche gansée de fausse fourrure.

Les grands soirs, une tenue sexy lamée dorée sera idéale, la minirobe à la Mariah Carey étant l'habit de prédilection r'n'b.

Nu-soul[3] : les éléments tels le foulard dans les cheveux, le sarouel, les motifs panthère, le T-shirt déstructuré et l'accumulation de bracelets dorés sont également de bon ton.

---

1 Alcôve. Poetic Lovers, «Fier d'avoir ton love», album *Amants poétiques*, 1998.
2 Paillettes.
3 Nu-soul : courant moderne et contemporain de la soul incarné par Amy Winehouse, Duffy, Adele, Erykah Badu...

Cheveux : afro ou brushing à l'américaine, queue-de-cheval ultralissée et très haute, permanente, nattes, rajouts.

Accessoires : créoles dorées, boucles d'oreilles tribales, longs pendants en strass, piercings. Lunettes de soleil type masque aux branches dorées légèrement bling-bling, à la griffe apparente, incrustée de strass. Casquette en tweed, bonnet blanc oversized, ongles longs et french[1] de rigueur. Fausses Timberland ou Caterpillar à talons roses.

Matières : coton, vinyle, skaï, tweed, lamé, fourrure synthétique.

Attention : une fille r'n'b ayant un peu trop joué la carte de la féminité risque d'hériter du sobriquet de r'n'bitch.

STYLE DE GARÇON

Streetwear : baggy, T-shirt oversized, lunettes de marque, marcel et muscles de bogoss. Un petit collier de barbe très fin, comme tracé au crayon, vient parfois souligner le visage. Le tatouage tribal sur les bras est un must.

Mode lover[2] : le garçon r'n'b troque baggy et sweat à capuche pour jean moulant taille basse et bordure de slip apparente, T-shirt seconde peau col en V plongeant ou chemise en satin de couleur (orange, violet, gris perle), ceinturon griffé à très grosse boucle, assorti d'un borsalino, pour une touche latino sensual suavement du meilleur effet.

Coiffure : les cheveux sont généralement très courts, les tempes rasées. Les microdreads ou les coiffures afro sont également courantes.

Bijoux : mini «brillant» dans les oreilles, petite boucle dorée, piercing, chaînes.

Accessoires : casquette truck - de pompiste -, borsalino, filet sur les cheveux, du-rag[3], bandana, bandana + casquette, bandana + borsalino.

R'N'B STORY

«I'll make love to you
Like you want me to
And I hold you tight
***Baby all through the night**[4].* »

AVANT-HIER

Musique noire américaine immense, née dans les années 40, mélangeant blues et gospel, le rythm and blues donna à entendre des chanteurs aussi éminents qu'Otis Redding, Sam Cooke, Marvin Gaye ou Aretha Franklin (pour ne citer qu'eux).

HIER

Le r'n'b contemporain n'a pourtant rien à voir avec cette musique d'antan et incarne plutôt la continuité du courant new jack swing, très célèbre dans les années 90, qui voyait le hip-hop, la soul et le funk fusionner dans un beat des plus groovy.

Les porte-drapeaux de l'époque, dont certains restent encore aujourd'hui des figures éminentes du r'n'b, s'appelaient Jodeci, Dru Hill, TLC, R. Kelly, En Vogue ou Aaliyah.

Chant de l'amour et du stupre par ex-

---

1 French manucure : manucure où l'on applique un vernis blanc mat sur le bout des ongles.
2 Bellâtre.
3 Cf. Oversized.
4 Boys II Men, «I'll make love to you », 1994.

cellence, le r'n'b est à la fois une musique pour danser et une musique pour choper, comptant autant de titres bounce[1] pour se la donner grave dans les clubs que de slows sucrés, idéaux pour conclure. À la grande époque, la trilogie «I'll Make Love to You» des Boys II Men, «I Believe I Can Fly» de R. Kelly et «You Make me Wanna» de Usher était l'arme ultime en boum pour voir les couples se former et les concours de danse s'improviser.

ÂGE D'OR
La fin des années 90 voit le r'n'b exploser, porté par des figures comme Mary J. Blige, Lauryn Hill, Christina Aguilera, Destiny's Child ou la grande Mariah Carey avant que les Beyoncé, Alicia Keys, Justin Timberlake, Rihanna et autres Ashanti, sublimés par les incroyables productions de Neptunes et Timbaland, offrent au genre ses lettres de noblesse.

R'N'B FRANÇAIS
«Dans l'ghetto ghetto, tout le monde dit qu'le r'n'b
N'est pas du hip-hop oh oh
Qu'on kiffe parler de sexe pour faire mouiller les meufs, idiots
Dans l'ghetto ghetto tous les MC's testent les NewJacks illico oh !
C'est le même dieze papy
Alors tu dis quoi de ça ? yeah yeah[2].»
Il ne fallut pas longtemps à la riposte hexagonale pour s'organiser. Connu dans un premier temps sous le nom étrangement ringard de groove, le r'n'b à la française est incarné à ses débuts par d'authentiques ersatz de groupes américains tels les Poetic Lovers dont la formation, la musique et les thèmes reproduisent à l'identique ceux des Boys II Men.

En 1997, leur tube «Darling faisons l'amour ce soir tous deux imergés dans le noir car ton corps m'appelle délire sensuel des plaisirs charnels» tutoie les sommets.

Mais déjà, la relève de l'an 2000 s'annonce avec son lot de Tragédie, «Est-ce que tu m'entends, hé ho?», Matt, «R'n'b 2 rue», Willy Denzey, «Passer le mur du son-son sans s'poser de questions-tions», et K Maro, «Femme like U».
Succès commercial, récompenses à la pelle… Le r'n'b plaît autant qu'il agace, un certain public lui reprochant sa mièvrerie et son langage franglais trop technique, manifeste dans ce célèbre couplet de M. Pokora :
«Touch down sur notre base la riposte claque, get back to the show
L'impact de nos phrases remet tout à niveau
Et c'est non-stop qu'elles se mettent à danser sur du Artop
Elles nous testent encore sur l'impro sans pouvoir suivre le flow[3].»
Novlangue superbement illustrée par Gad Elmaleh dans son sketch sur le r'n'b : «Moi je stop sur mon flex [...] quand je stix my vibes le dancefloor se breaks é se flux dans la vibes.»

1 Rebondissants.
2 Matt, «R'n'b 2 rue», 2001.
3 M. Pokora, «Show Bizz», 2005.

R'N'B DE FILLES
Vitaa, Nadiyaa, Sherifa Luna, Kayliah, Kenza Farah, Assia.

R'N'B DE FILLES DONT LES PRÉNOMS NE FINISSENT PAS PAR «A»
Wallen, Shy'm, Zaho, Amel Bent, Pearl, Leslie, Jalane, K-reen, K-roll, K-trine.

THÈMES DE FILLES
L'amour est au cœur de la musique r'n'b.
1. Tout commence par un problème de communication :
«J'ai des choses à te dire,
J'ai laissé des messages,
Et envoyé des e-mails et des SMS[1].»

2. Suivi d'une exploration des mystères du comportement masculin :
«Comment les hommes font-ils pour tromper sans tabou
Pourquoi c'est bon quand il m'aime puis me jette à genoux[2] ?»

3. Et la découverte du mensonge, conduisant à l'anéantissement de tout espoir :
«My my my mytho
À la finale on sait tous
qu't'es un gros mytho[3].»
Puis vient la résignation.
Et ce jusqu'à la prochaine chanson.

THÈMES DE GARCONS
Étrangement, les thèmes sont, eux aussi, principalement liés à l'amour, à ceci près que garçons et filles adoptent une attitude sensiblement dif-férente. Si les filles se la jouent *low profile*[4], les garçons ont une forte tendance au cabotinage.

1. Métaphore numéro 1 de l'acte d'amour, la danse fait office de parade amoureuse idéale :
«SMS sur mon phone (elles me dé-fient sur le son)
Si tu veux me suivre alors put your hands up […]
Dégaine de garçons manqués
Elles viennent pour nous clasher
Se bougent sur le dancefloor
Qui s'enflamment nous affament[5].»

2. Pour la suite des événements, le garçon r'n'b a pensé à tout :
«J'ai pris trois bouteilles d'alcool,
Pour pouvoir la rendre folle
J'ai pris trois bouteilles d'alcool,
Pour qu'elle puisse bien picoler (...)
J'ai parfumé les draps, préparé la 7-K,
Mis des potes-ca sous le matelas[6].»

3. Une fois l'affaire conclue, l'homme chante qu'il est *«fier d'avoir son love»*, mais déjà quelque chose cloche :
«Et puis j'sais pas qu'est-ce qui s'passe,
T'as ce regard dans la face[7].»

4. En conséquence, il la trompe, elle le largue et il l'a mauvaise :
«Je crois qu'c'est ma nature
J'suis toujours dans les problèmes
Je kiffe trop les aventures
Face à une femme rien n'me freine[8].»

1 Pearl, «J'ai des choses à te dire», 2003. Notons que le r'n'b fait très souvent référence aux nouveaux moyens de communication comme le SMS, le MSN, le GSM.
2 Vitaa, «Pourquoi les hommes», 2007.
3 Vitaa, «Mytho», 2007.
4 Profil bas.
5 M. Pokora, «Showbizz», 2005.
6 Singuila, «Préparatifs», 2003.
7 K-Maro, «Femme like U», 2004.
8 Singuila, «Ma nature», 2006.

Notons que ces dernières années, le ghetto lover s'est fait déclasser par l'intello lover, par définition plus «posé», aux textes profonds, incarné par des chanteurs à lunettes en chemise blanche, veste en cuir et Clarks aux pieds, aux airs de gendre idéal, qui chantent des chansons sérieuses sur le génocide rwandais ou l'amour que l'on porte à sa mamie. Ex : Corneille, Gage, Marc Antoine.

R'N'B : ATTENTION DANGER

Selon le très sérieux site *Scientists of America*[1], écouter du r'n'b ne serait pas sans conséquences sur la santé. En effet, le nombre croissant de tumeurs chez les amateurs de r'n'b serait proportionnel à l'envol des ventes des disques de cette musique aux États-Unis.

«J'ai tout de suite pensé que la faute incombait aux paroles des chansons de r'n'b, qui sont très particulières, d'un mièvrerie extravagante et truffées de rimes ridicules. Mais, en fait, cela concernait presque exclusivement le r'n'b francophone et ne pouvait suffire à expliquer le problème»,

indique Larry Brenston, professeur de musique francophone à la faculté d'études musicologiques de Pasadena.

Ce serait en réalité la musique et le procédé de compression dynamique visant à ramener les fréquences hautes et fréquences basses à un même niveau sonore qui poserait problème, contraignant l'auditeur à monter le son. Les oreilles, épuisées, passeraient alors le relais au cerveau qui activerait un mécanisme de défense, provoquant une prolifération anormale des cellules, responsables d'une tumeur heureusement parfaitement bénigne.

---

1 Qui a récemment prouvé que fumer permet d'éviter le cancer du non-fumeur et qui certifie que les gens qui ont les yeux bleus aiment les films allemands.

Ruben rêve à son prochain
week-end à Deauville tout en se
demandant où il a bien pu garer
sa Smart.

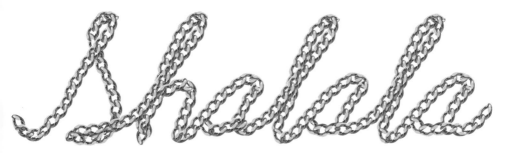

NÉOMINET SYMPATHIQUE, TRÈS ENTHOUSIASTE À L'IDÉE D'EXHIBER L'ÉTENDUE DE SON POUVOIR D'ACHAT, LE SHALALA N'EST SOMME TOUTE PAS TRÈS ÉLOIGNÉ DE LA CARICATURE DES JUIFS SÉFARADES RENDUE CÉLÈBRE PAR LE FILM LA *VÉRITÉ SI JE MENS*[1].

STYLE

Shal 90's : dans les années 90, le sha-lala – shal pour les intimes - portait un jogging Compagnie de Californie, du Pento dans les cheveux, des Tod's[2] avec de grosses chaussettes blanches, des Reebok blanches ou des Timberland sable, un T-shirt ou un sweat Mickey, une casquette bleu marine de baseball de l'équipe des New York Yankees et une doudoune. Bref, un mélange streetwear chic du meilleur effet. Il fut l'un des premiers à avoir une voiture électrique et un cellulaire, à l'époque plus proche du talkie-walkie que du téléphone portable.

Shal 2000's : cette panoplie streetwear est aujourd'hui remplacée par un style casual chic[3] placé sous le signe de la marque Diesel (jeans, T-shirt et sous-vêtements). Les Tod's perdurent, les cheveux sont toujours gominés en arrière. La chemise de marque (Gucci, Dolce&Gabbana) est ouverte sur un torse musclé et poilu, luisant l'été, et le portable trône à la ceinture. Les lunettes aviateur aux verres fumés sont sur le nez qu'il pleuve ou qu'il neige. L'étoile de David est souvent autour du cou et le jean parfois retroussé.

---

1 Comédie de Thomas Gilou sortie en 1997.
2 Chaussure italienne sans semelles mais dotées de picots qui remontent jusqu'au talon, cette «car shoe» permet une adhérence idéale pour une conduite en toute sécurité et fut inventée en 1963 par Granni Mostile
3 Tenue du vendredi, un poil plus décontractée que le reste de la semaine mais toujours chic : c'est pas la fête non plus.

FILLES SHALS

Ce sont généralement des fashionistas[1], vêtues de vestes en cuir, de robes un peu amples et courtes (Maje, Vanessa Bruno), de leggings, bottes montantes, maxisac et lunettes de soleil oversized. Le recours au brushing et à l'autobronzant est récurrent.

La fille shal ne sort jamais sans être maquillée et fait beaucoup de bruit avec ses talons.

ATTITUDE

Enthousiaste, bavard, bon vivant, le shal se déplace généralement en bande et se fait rarement discret. Pour être ami avec lui, il faut avoir un sens solide de la repartie et une cuisse en marbre : ce vanneur-né cherche toujours l'approbation en claquant fort et à répétition sur la jambe de son interlocuteur quand il ne lui tape pas énergiquement dans la main.
Très fidèle en amitié, il a également un sens aigu de la famille et de la tradition.

OÙ CROISER UN SHAL ?

À Paris, dans le XVIe (à l'Häagen Dazs de la place Victor-Hugo), le VIIIe (à l'Häagen Dazs des Champs-Élysées), à Neuilly.
À l'École bilingue, à Janson-de-Sailly.
Le week-end à Deauville. En hiver à Méribel.
En été, et pendant les vacances en Israël, sur les plages de Tel-Aviv, de Netanya et d'Ashdod.

QU'EST-CE QU'UN CHABERT ?

Aux yeux des shals, un chabert est un Bcbg très tradi (pantalon en velours côtelé et mocassins en nubuck).

PARENTS PROCHES

Le nappy, la fashionista, le sunset beach.

CULTURE

Häagen Dazs, McDonald's, Mickey, Diesel, Nokia.

LEXIQUE

La vérité : assoit la crédibilité de la proposition énoncée.
« La vérité, il te va trop bien ce slim. »

Sur ma vie : assoit la crédibilité de la proposition énoncée, la responsabilité vitale de l'énonciateur étant engagée.
« Sur ma vie, il te va trop bien ce slim. »

Sur la Torah : assoit religieusement la crédibilité de la proposition.
« Sur la Torah, j'te jure qu'il te va trop bien ce slim. »

Sur la Torah d'Israël : expression hautement pléonastique - d'autres Torah que celle d'Israël n'ayant pas été recensées à ce jour - qui achève de crédibiliser religieusement la proposition.
« Sur la Torah d'Israël, franchement il te va trop bien, ce slim. »

Tu vois pas : expression caractérisant une évidence qui saute aux yeux.
« Tu vois pas comment il la boudine trop ce slim. »

---

3 Cf. Fashionista.

Kiffer : S'amuser.

« *Viens on va kiffer à Deauville.* »
Ce verbe s'emploie souvent à tort et à travers.
« *Viens, aide-moi à faire la vaisselle, on va kiffer.* »

Il est vraiment fraîcheur : il est cool.

Aïe, Aïe, Aïe ! : oh, là, là !
« *Dis donc Déborah, il te va trop bien ce slim, aïe, aïe, aïe !* »

Le shal a surtout une certaine tendance à l'exagération :
« *C'est pas qu'elle était malade, c'est qu'elle était morte* »
(au sujet d'une amie victime de la gastro-entérite).

MDR

Monsieur et Madame « *J'vais-à-Deauville-sans-mes-Weston* » ont un fils ?
Réponse : Georges
☺

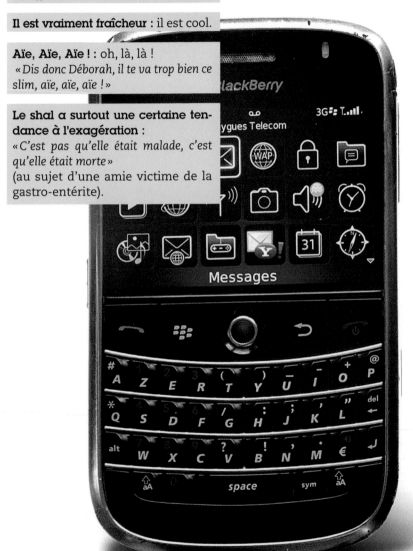

Casquette, chemisette, planche
de skate : Romain est prêt
à rider grave.

CHEVALIER DU BITUME MARBRÉ DE BLEUS ET DE CROÛTES,
LE SKATEUR SE DÉPLACE À BRUIT DE PLANCHE SONNANTE ET
TRÉBUCHANTE. ET NE DEMANDE QU'UNE CHOSE : QU'ON LE LAISSE
EN PAIX DÉCOUVRIR TOUT CE QUE LE MOBILIER URBAIN A À LUI
OFFRIR EN MATIÈRE D'AVENTURE EXTRÊME.

SK8 STORY

La légende voudrait que le skateboard soit une invention de jeunes Américains désargentés qui, frustrés de ne pouvoir acheter un surf, auraient par dépit fixé des roulettes à une planche de bois pour glisser sur le bitume. Une autre légende voudrait que ce ne soit pas le manque d'argent mais bien la tristesse de ne pouvoir faire du surf en hiver qui ait forcé les jeunes à confectionner une planche tout-terrain et multisaison.

Tristesse et frustration sont à l'origine de cette invention, dont on peut avancer avec certitude qu'elle est née en Californie en 1962 et a gagné à cette même époque nos terres de France sous le nom de «roll surf».

Dans les années 70, le phénomène s'étend et la discipline évolue. Le skateur des débuts qui s'amusait à *rider*[1] dans des piscines vides, les *pools*, se met en tête d'exploiter tout ce que l'urbanisme lui propose comme rampes, bancs, marches, poubelles et autres bornes d'incendie. C'est le début du freestyle.

---

1 De l'anglais *to ride* : chevaucher, rouler.

OLLIE

Au début des années 80, l'Américain Alan Golfand, dit Ollie, entre dans la légende en exécutant une figure de type *no hands aeria* sur rampe, c'est-à-dire sans avoir recours à l'usage de ses mains (en exécutant un saut de la planche avec les pieds seuls). Et invente sans le savoir ce qui sera la figure phare de la discipline : le ollie. Depuis, il n'est pas rare d'entendre des phrases aussi étranges que : «*Ce gars c'est un mytho il ne sait même pas faire un ollie.*» ou «*Faudrait peut-être que tu saches faire autre chose qu'un ollie.*»

STREET SKATE

Rodney Mullen révolutionne à son tour la discipline en adaptant le ollie en flat (ollie sur sol). Dès lors, le monde du skate se divise en deux : les skateurs de rampes, habitués des skate parks, qui rident «proprement» et les abonnés du street, pratique hautement plus hardcore, qui s'attirent les foudres des piétons et des municipalités par leur passion bruyante et leurs dégradations répétées du mobilier urbain.

SKATE BOARDING IS NOT A CRIME

Selon la loi, la pratique du skateboard en France ne serait ni une liberté individuelle ni un moyen de transport - à l'inverse, étrangement, du roller. La pratique du skate dans la rue est illégale dans plusieurs villes de France, sous peine d'amende (peu dissuasif, son montant s'élève à quatre euros). Le skate n'est pas censé s'exercer en dehors des skate parks. Beaucoup de modules antiskate - barres et bittes en fer encombrant les trajectoires - ont ainsi été installés dans le but de décourager les skateurs, qui n'ont trouvé rien de mieux que d'apprendre à les rider.

STYLE 70'S

Fun : Friand de vêtements moulants et fluo, le skateur des années 70, plus proche de *Fame* que de *Paranoid Park*, porte shorts de foot moulants, T-shirts et protections, Converse.

Thrash : Fan de hard rock aux cheveux longs et gras, imbibé de bière, vêtu de shorts cargo et de jean's déchirés, le thrash est une terreur urbaine.

STYLE 80'S

Les skateurs se divisent durablement entre punks à perfecto et adeptes des T-shirts fluo Waikiki.

STYLE 90'S

La culture streetwear et hip-hop vient unifier les skateurs et impose une silhouette XXL : les pantalons baggy et autres sweats à capuche font leur apparition.

Mot d'ordre : «No function, no fashion.»

Tout doit servir à la cause du skate et être le plus utilitaire possible. Les baskets, conçues pour adhérer au mieux à la planche et éviter de trop s'esquinter, sont grosses et munies de lacets épais. Elles doivent être fréquemment enduites d'une pâte transparente appelée shogun qui leur assure une meilleure protection. Le bonnet ou la casquette permet de garder la tête froide.

L'apparence du skateboard évolue : celui-ci présente dorénavant de plus petites roues et sa planche s'est rétrécie. C'est l'époque «*baggy pants and small wheels*[1]», qui voit les marques exploser - le style est vite récupéré par le système.

Le skateur punk migre vers la tendance grunge «I Hate Myself I Want to Die[2]» et porte chandails amples, pantalons déchirés, chemises à carreaux et cheveux gras.

STYLE 2000's

«*95 % des clients d'un skate-shop y vont pour s'acheter des baskets, mais ne pratiquent pas*», affirme Charley du magazine de skate *Sugar*. Les poseurs et les fakes qui n'ont jamais touché une planche de leur vie polluent la discipline.

Reste que les vrais skateurs, toujours présents et en nombre croissant, se partagent un style hip-hop rock : casquette, slim, pull ou gilet à capuche, T-shirt fluo, polo, mèche longue fidèle à l'imagerie Gus Van Sant ambiante.

FILLES

Rares sont les skateuses, mais nombreuses sont les groupies.

COMMUNAUTÉ

Le skateur est un être grégaire, qui se déplace en meute. Ses amitiés reposent sur un principe de compétition, de défi et d'émulation collective. Ensemble, les riders se choisissent un spot, une zone qui deviendra le territoire de leurs expérimentations de tricks et de truc's. Le week-end, la bande, qui peut avoir pour nom les ATF[3] par exemple, aimera découvrir la ville lors de road-trips nocturnes, s'accrocher à l'arrière des bus, skater dans des parkings souterrains, fumer de la drogue et boire des bières. Dans une ambiance bon enfant, la bande défiera les SCG[4], autre illustre bande.

MARQUES

Hawaii Surf, Snow Beach Warehouse Ethnies, Dc shoes, Dvs, Van's, Quicksilver

SKATEUR VIEUX ?

«Généralement t'arrêtes vers vingt piges, ensuite la teuf prend le pas sur le sk8 et tu te rends compte que c'est relou d'avoir ta planche sous le bras en soirée en fait.»

«Puis, les meufs t'éloignent du skate, après tu découvres le snow et là, t'es foutu, tu penses plus qu'au snowpark et à la poudreuse.»

---

1 «Pantalons baggy et petites roues.»
2 «Je me déteste, je veux mourir», chanson de Nirvana et non hymne emo.
3 Artistes totalement fayas.
4 Skateurs complètement guedins.

tail-grab

kickflip

heelflip

indy

ride en flat

gamelle

TRICKS[1]

« La définition d'un crooked-grind ? C'est quand tu grind sur le truck avant et en même temps sur le nose. La planche doit être en diagonale. »

La trickologie, ou l'exécution de figures complexes et sophistiquées sur skate, est la seule et unique religion du skateur. Plus il rentre de tricks, plus il est content. Il y a à peu près autant de tricks en skate que de sous-genres de metal[2]. Quelques notions restent néanmoins à maîtriser :

Ollie : sauter.

Flip : faire tourner son skate.

Grab : saisir sa planche avec les mains.

Slide : glisser sur un rail.

Flat : faire des figures à plat.

Tail : arrière du skate.

Nose : avant de la board.

Trucks : axe mobile servant à tenir les roues. Un essieu, en somme.

Goofie : *« Si tu skates avec le pied droit devant, alors tu es goofie. »*

Regular : *« Si tu skates avec le pied gauche devant, alors tu es regular. »*

Switch : Skater dans sa position contraire. *« Si tu es regular, tu skates en goofie pour être en switch. »*

Grind : glisser - sur une barre par exemple - avec les trucks.

EXEMPLES DE TRICKS

Nollie : faire un ollie en switch.

Shovie : rouler, fléchir les jambes, claquer le tail vers l'arrière, puis s'aider de sa jambe avant pour faire tourner la board. Dès que la planche a terminé sa rotation, replaquer, puis continuer de rouler. *« Pas mal ce que tu viens de rentrer là, mec. »*

3-6 : faire un tour sur soi-même.

3-6 slide : faire un tour sur soi-même sur une rampe.

Back slide : ramener l'arrière de la planche vers l'intérieur - vers soi - sur une rampe.

Front slide : pousser l'arrière de la planche vers l'extérieur sur une rampe.

Reverse front ou back slide : effectuer un slide et revenir à la position d'origine grâce à un mouvement inverse.

Coleman slide : front slide avec une main par terre et l'autre servant à donner de l'élan. *« T'as vu ce que t'as posé ? »*

Boneless : figure légendaire, inventée avant le ollie, qui consiste à lever la planche en s'aidant de la main afin de passer des obstacles. *« Comment t'as foiré ton boneless ! Tu t'es pris une belle boîte en tout cas. »*

---

1 Figures.
2 Cf. Metalleux.

ENNEMIS

« Les rolleurs ? Des bouffons. »

MUSIQUE

Metal, punk, brutal, reggae, ragga, hip-hop.

JEUX VIDÉO

Tony Hawk's Pro Skater.

FILMS

Les Seigneurs de Dogtown de Catherine Hardwicke, 2005.
Ken Park de Larry Clark, 2003.
Wassup rockers de Larry Clark, 2005.
Paranoïd Park de Gus Van Sant, 2007.
Le cultissime *Skate Gang* de David Winters, 1986.
Retour vers le futur 1 & 2 de Robert Zemeckis, 1985 et 1989.
Voir la très jolie vidéo *Parisien* sur You Tube ou Dailymotion.

QUELQUES SPOTS

Paris : Bastille, Trocadéro, Palais de Tokyo, Bibliothèque François-Mitterrand, Fontaine des Innocents
Rennes : L'Arsenal
Saint-Jean-de-Luz : Spot de la gare
Perros-Guirec : Skate Park

« Ma ligne était trop propre, mes tricks dans le flow. »

Traduction : toutes mes figures étaient très bien réalisées, de plus il y avait une bonne dynamique, je trouve.

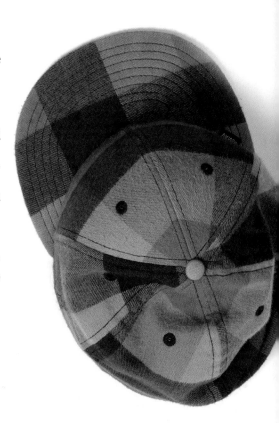

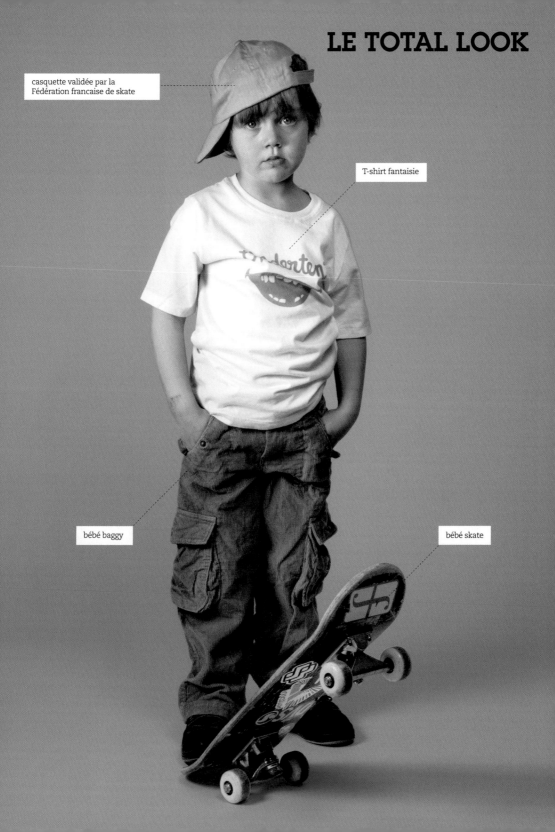

LE TOTAL LOOK

casquette validée par la
Fédération francaise de skate

T-shirt fantaisie

bébé baggy

bébé skate

« Désolé,
c'est une soirée privée. »

SUNSET BEACH

CARTE GOLD, VOITURE DE LUXE, BICEPS BRONZÉS,
SPORT EN SALLE ET VERRES FUMÉS : LA CLASSE A UN NOM.

STYLE

T-shirt en coton blanc moulant col en V plongeant dévoilant un torse glabre, musclé et bronzé, jean Diesel subtilement délavé à la javel, veste noire, lunettes de soleil aviateur en toute occasion, mains manucurées, chaîne en or, gourmette, cheveux gominés, chaussures pointues en cuir, visage orange, dents anormalement blanches.

PARFUM

Le Mâle de Jean Paul Gaultier, Drakkar Noir de Guy Laroche.

SPORT

Le sport en salle uniquement «*et le sport en chambre, bien entendu, arf*». Le sunset beach voue un culte maladif à son corps et, à l'instar de la fashionista[1], angoisse de vieillir depuis son plus jeune âge. C'est une gym queen[2] en puissance.

PROFESSION

Dj, mannequin, coach sportif, illustrateur sonore, trader, gérant de boîte de nuit, de restaurant, de bar, producteur, barman.

---

1 Cf. Fashionista.
2 Cf. Gym queen.

MUSIQUE PRÉFÉRÉE

La house bien sûr, David Guetta, Bob Sinclar, Martin Solveig…
Les jours de déprime, le sunset beach écoute de la musique lounge[1] et des remix de Caetano Veloso par Claude Challe ou Stéphane Pompougnac avec bruits d'oiseaux, fontaines qui coulent et flûtiau indianisant.
Sa discothèque est essentiellement composée de compilations qui portent les noms de *Paris Lounge, Ibiza Nights*, *Champs-Élysées Fever*, *A Lounge Christmas*.

FILMS CULTES

Le Dernier Samouraï[2]. «Attends tu l'as pas vu ? La claque de ma vie, ce film. Sérieux, j'ai chialé.»
Braveheart. «Liberté d'un homme, liberté d'une nation.»
Speed 2. «C'est ouf comment ça va vite.»

BOISSONS PRÉFÉRÉES

Malibu, Get 27, Punch coco.

Recette du Sex on the beach :
2 cl de vodka,
2 cl de liqueur de melon,
2 cl de chambord,
6 cl de jus d'ananas,
6 cl de jus de cranberry

PARADIS

Les États-Unis et Miami en particulier, où tous les rêves sont possibles et réalisables. Il aimerait vivre une success-story comme celle de Christian Audigier, créateur des marques Von Dutch et Smet (en collaboration avec Johnny Hallyday).

OÙ CROISER UN SUNSET BEACH ?

Sur les Champs-Élysées, chez Costes, au Milliardaire, au Buddha Bar, au VIP Room, au Man Ray, au Dupleix, au Waou, au Gymnase Club, à Neuilly, Deauville, Ibiza, au Rudy's à Montpellier, au Papagayo à Saint-Tropez.

ICÔNES

Jean-Roch, Greg le Millionnaire.

VIEUX SUNSET BEACH

Jacques Séguéla, Paul-Loup Sulitzer, Bernard Tapie.

PETITE AMIE

La bimbo.

CULTURE

Ah, on me fait signe que non.

---

1 Musique d'ascenseur jouée dans certains restaurants.
2 Film américain réalisé par Edward Zwick, sorti en 2003, qui raconte l'initiation de Tom Cruise aux arts martiaux.

Garde-robe sombre et coiffure
futuriste pour Angel, chevalier
noir de la danse.

 TM

L'ANNÉE 2007 FUT CELLE DE LA DÉCOUVERTE PAR LE GRAND PUBLIC
D'UNE DANSE DE JEUNES RÉPONDANT AU NOM GÉOLOGIQUEMENT
ÉTRANGE DE TECKTONIK. SORTE DE JETÉS DE BRAS EN FOLIE SUR DE
LA MUSIQUE TECHNO, CETTE DANSE DE BANLIEUE PAVILLONNAIRE
RALLIA LE PEUPLE DE FRANCE SOUS TOUTES SES COULEURS,
SIGNANT L'HEURE DE LA REVANCHE WHITE TRASH SUR DES PARI-
SIENS QUI N'AVAIENT RIEN VU VENIR.

LES SOIRÉES

Apparue au cours des années 2000 dans la boîte de nuit le Metropolis à Run-
gis, la tecktonik, aujourd'hui marque déposée et propriété de TF1, est à l'origine un concept de soirée développé par Cyril Blanc et Alexandre Barouzdin,
responsables de l'établissement et créateurs des soirées Tecktonik killer. Leur
intention était de rapprocher les différentes musiques electro européennes
tel le hard style de Hollande, le jumpstyle de Belgique et l'electro minimaliste
italienne. La légende voudrait que le choc de ces différents continents stylistiques, comparable à une *tectonique des plaques musicales,* soit à l'origine du terme.
Très vite, les soirées Tecktonik killer se popularisent et suscitent un engouement
qui n'est pas sans rappeler celui du disco : attente nerveuse de la prochaine soirée,
préparation intense la semaine qui précède, grand soin apporté à la tenue et à la
coiffure, expression de son être par la danse lors de *battles*[1].

---

1 Combats dansants qui voient différents challengers se confronter.

LA DANSE

La tecktonik est une danse physique et chorégraphiée sur de la musique alliant techno, eurodance et basse répétitive, située entre le hard trance, le gabber et le hardcore[1]. Le danseur fait toutes sortes de moulinets avec les bras (cette danse porte le nom de vertigo) comme s'il était attaqué par un essaim de guêpes, tout en fléchissant régulièrement les jambes au rythme de la musique. Le voilà qui saute à cloche-pied comme un foufou : pas de panique, ce n'est que du jumpstyle. Il prend soudainement des poses de mannequin et fait mine de se recoiffer : il pratique le voguing[2]. Oh mon Dieu mais quel est ce moonwalk de tous les diables ? Le danseur est simplement en train de s'essayer à la nouvelle pratique en vogue : le Melbourne Shuffle. C'est en enchaînant ces phases comme il l'entend que le danseur perfectionne sa signature et crée son propre style.

« Marco il déchire trop en vertigo ce bâtard regarde comme y va vite sérieux ses bras y vont s'dévisser. »

STYLE

La tecktonik est une danse, soit, mais c'est avant tout un style.

Coiffure : sous le mi-mulet, mi-crête aux pointes effilées et aux couleurs bariolées, le crâne peut être rasé par endroits, les cheveux restants y dessinant des formes étranges, entre spirales ésotériques et signes aborigènes. Force gel.

Vêtements : le T-shirt est moulant, souvent à l'emblème de la marque Tecktonik (un aigle), à motifs étoile ou tête de mort, le jean est slim, très slim. Sur les mains, des mitaines, aux bras des brassards fluo ou des poignets en mousse, aux pieds de grosses chaussettes. Les chaussures sont des baskets à damier de modèle slip on, proche des chaussons.

Maquillage : garçons et filles se maquillent et peuvent, exquise coquetterie, se dessiner des étoiles sur le visage à proximité de l'œil.

GÉNÉRATION INTERNET

Sur l'Internet, le mouvement s'est répandu comme une traînée de poudre. Les jeunes postent des vidéos dans lesquelles ils exhibent leurs performances et invitent les internautes à les évaluer par cette phrase désormais célèbre : *« Vazy lâche tes com's. »* Une nouvelle esthétique voit le jour : celle de la danse en appartement. Les vidéos où des jeunes gens coiffés de crêtes valsent leur vie sur le linoléum de leur salon, dans leur garage, dans leur cuisine, sur un parking, dans la buanderie, avec en arrière-plan un chien qui aboie, une mamie qui repasse ou une petite sœur hilare inondent la Toile.

---

1 La tecktonik se danse sur de la musique techno pleine de grosses basses qui font boum boum.
2 Du nom du célèbre magazine de mode américain.

COM'S
Les mignons
« tros tros bien la téctonik »
« il et trop bien ton clipe »
« je kiff grave la tectonik je la danse bient et je voulet te dire tu dans bien »

Mais aussi les malheureux
« je trouves que la vidéo est pas bien et que vous dansez a la rache »

«frenchemen la je di ke vs ete vraimen devenue des pd»

Les toujours sublimes
« je kiffe tectonik trop stylé la dans »
« vous assuré les gas »

« la famille cmt tu danse mn frere jkiff »

« cé pas mal ya le filingue cé pas mal bravo gar »

Et le bouleversant
« lol tes dans mon collège »

QUEL AVENIR POUR LA TECKTONIK ?
Si le phénomène est quelque peu retombé ces derniers mois, la tecktonik continue cependant de faire danser la jeunesse de France.
Un temps menacée par le Melbourne Shuffle, sorte de tecktonik ancestrale des pieds venue d'Australie, elle a su au contraire intégrer cette danse electro pour enrichir son art.

DARK TECKTONIK
Désormais plus sombre, la tecktonik deuxième génération est portée presque exclusivement sur le hardstyle, à la danse rapide et agressive. La couleur fluo a quasiment disparu de la garde-robe, le sourire a laissé place à un regard perçant et intense.
Bref, ça ne rigole plus du tout.

POLÉMIK
Le développement code-barres de la Tecktonik™, a été vivement critiqué dans le milieu. Beaucoup de danseurs electro, à l'instar de T3K ou de SMDB (Still Move A Dance Is Born) se réclament désormais du Milky Way (terme libre de droits) et refusent d'être associés à la Tecktonik. Bien que la danse qu'ils pratiquent soit sensiblement la même, le style, lui, diffère : les T3K se revendiquent plutôt de la mouvance dark de la danse electro, tandis que les SMDB se rapprochent, par leurs habits, des fluokids[1].

OÙ DANSER LA TECKTONIK EN ÎLE-DE-FRANCE ?
Au Metropolis
Au Redlight
Sur le parvis de la Défense

ENNEMIS
Les danseurs Tecktonik de la première génération fluo.

« C'est des Pokemons, les gars, c'est tout. »

---

1 Cf. Fluokid.

LA TECKTONIK EN DIX LECONS

Pour ceux qui souhaiteraient apprendre les rudiments de cette danse electro, sa-chez que des cours très pédagogiques existent sur l'Internet et dans la vraie vie. Bon courage.

FAUT-IL SE DROGUER POUR DANSER LA TECKTONIK ?

Pas nécessairement. Il est néanmoins recommandé d'être jeune et de bonne constitution.

Cependant, contrairement à l'image très clean véhiculée par la marque Teck-tonik, la drogue - et pas la moins nocive : ecstasys, MDMA… - circule en mas-se dans les soirées.

« N'oublie pas qu'à l'origine, la Tecktonik, c'est la réunion de deux univers très malsains : celui de la danse electro belge et celui du hardstyle hollandais où ça cachetonne sévère, hein, faut pas se voiler la face non plus. »

Florent, guérillero des
sous-bois bretons.

TEUFFEUR

«L'ÂME DE LA BROUSSE (C. G. JUNG) QUE LE JUDÉO-CHRISTIANISME, PUIS LE BOURGEOISISME N'ONT PAS TOTALEMENT EFFACÉE, RÉSONNE À NOUVEAU. ELLE REPREND FORCE ET VIGUEUR DANS LES JUNGLES DE PIERRE QUE SONT NOS VILLES, MAIS AUSSI DANS LES CLAIRIÈRES DES FORÊTS LORSQUE, D'UNE MANIÈRE PAROXYSTIQUE, LES TRIBUS TECHNO, LORS DES "RAVES", FOULENT, EN EXTASE, CETTE BOUE DONT NOUS SOMMES PÉTRIS. ON EST LÀ AU CŒUR DU TRIBALISME POSTMODERNE : L'IDENTIFICATION PRIMAIRE, À CE QUI, DANS L'HUMAIN, EST PROCHE DE L'HUMUS[1].»

«Vous préférez par ex de la tribe de minuit à 2 heures puis de la pumping pour passer au hardcore en milieu de nuit et finir avec de la drum vers midi avant que le son se coupe pendant que tout le monde est posé et quand vous êtes vraiment raides peut-être que c'est le speedcore qui vous fait le plus voyager... Moi par exemple je préfère débuter avec de la drum, puis de la tribe, ensuite de la pumping pour enchaîner avec du hardcore de 4/5 heures du mat à 10 heures voire plus, ensuite en fonction soit continuer sur du hardcore ou de la tribe selon la fatigue... et quand je suis total décker c'est le hardcore et le speedcore qui m'envoient le plus haut[2].»

Adepte des raves, teknival et autres free parties, le teuffeur célèbre sa joie d'être au monde en dansant de manière stroboscopique sur des rythmes binaires. Cet être nomade et bondissant aime à fouler le sol boueux d'un champ breton la tête collée aux enceintes, l'esprit dans les nuages.

STYLE

Savant mélange du vestiaire jah-jah et punk à chien, eux-mêmes connus pour être de grands amateurs de fêtes sauvages, la garde-robe du teuffeur est avant tout équipée pour résister aux variations climatiques et aux agressions surprises des forces de l'ordre. L'équipement militaire de type camouflage est par conséquent le plus adapté pour cet être qui aime se fondre dans la nature.

1 Michel Maffesoli, *Le Temps des tribus* (1988), Éditions de la Table ronde, 2000.
2 Pas Michel Maffesoli. Parole de teuffeur évoquant ses goûts musicaux. Traduction indisponible.

« J'te jure, dans la forêt, il me voit pas le keuf, chuis en mode caméléon. Je me mets derrière un arbre et pouf pouf j'ai disparu. »

Comme son ami le jah-jah[1], le teuffeur ne se lave plus les cheveux depuis 1995, aime les pantalons bouffants et peut porter des paquets capillaires proches des dreadlocks. Quand il n'écoute pas de la musique qui rend fou, il aime écouter un bon « Buffalo Soldier ».

TENUE

Parka, treillis, veste militaire, pull à capuche de couleur vive, grosses baskets de skateur, casquette sur laquelle peuvent être vissés des pics de métal, pantalon large et bouffant.

Comme chez son ami le punk à chien, l'esthétique DIY est de rigueur. Le teuffeur laisse sa créativité s'exprimer en dessinant sur ses habits - au feutre, par exemple. Ses motifs préférés : signes tribaux étranges ou personnages « rigolos » avec des spirales à la place des yeux, dans une esthétique proche de celles de la marque Dready - rasta cartoonesque avec d'immenses yeux et un gros joint aux lèvres, inexorablement.

FILLES

Les teuffeuses adoptent généralement la tenue des garçons. Le maquillage reste leur seule marque de féminité : les yeux sont souvent charbonneux, cernés de khôl.

Coiffure : crâne rasé, dreadlocks ou crâne mi-rasé-mi-dreadé.

Les filles peuvent avoir les cheveux tressés, colorés et porter des atébas - mèches de cheveux enroulées de fils de laine[2]. Le chignon négligé avec deux grosses mèches de part et d'autre du visage reste un must.

Accessoires : piercings, bijou tribal, sac à dos, keffieh.

Les chiens sont évidemment les bienvenus, les pauvres.

SOCIOTYPE

Jeune (15-25 ans), le teuffeur est généralement issu de la classe moyenne, vit chez ses parents ou en colocation. Souvent breton, normand ou citoyen de la Haute-Marne, sa filière professionnelle est principalement technique. Une fois diplômé, il choisit étrangement de travailler dans le son ou l'électricité.

S'il est de sensibilité altermondialiste, voire punk anar, le teuffeur n'a cependant pas suivi son ami punk à chien sur la pente du déclassement - mais aime traîner avec lui dans les squats à l'occasion.

Une fois entré dans la vie active, il n'est pas rare que certains teuffeurs se mettent trois mois au chômage par an pour teuffer aux frais de l'État.

FREE PARTY

Née au Royaume-Uni au début des années 90 dans le sillage des mesures politiques ouvertement liberticides de Margaret Thatcher, la culture free touche la France en 1994 grâce à un collectif anglais de teuffeurs

---

1 & 2 Cf. jah-jah.

contrariés : les **Spiral Tribe**, travellers venus exporter sur le continent leurs fêtes sauvages. Manifestation techno spontanée dans des lieux inédits - forêts, champs, grottes - la free party vient progressivement supplanter la rave, officielle et réglementée, accessible à un prix fixe et au « son » techno assez traditionnel. Rassemblement à PAF[1] libre, la free party réunit ses disciples pendant quarante-huit heures dans une sévère ambiance de teuf. Résolument plus hardtech[2] et underground que la rave, la free party annonce le retour aux ZAT[3], où tout est permis, le temps de la fête, à condition que les teuffeurs adoptent un comportement responsable. Il est en effet bien vu de ratisser cadavres de 8-6 et de clopes roulées afin de laisser l'endroit réquisitionné aussi propre qu'on l'a trouvé.

LOI

C'est en 1995 que l'État français commence à se soucier de la réglementation de ces rassemblements sauvages.
Les charges contre les teuffeurs sont lourdes : nuisances sonores, non-respect des consignes de sécurité, trafic de drogue, atteinte au droit de propriété mais aussi travail clandestin, non-respect des droits d'auteur liés à la musique diffusée, abus de dreads caractérisé et ventes d'alcool sans licence.
Après de longues tractations entre teuffeurs et représentants de l'État, un compromis est finalement trouvé. Trois types de free parties légales voient le jour : celles de moins de cinq cents personnes ne nécessitant pas d'être déclarées à la préfecture, celles dépassant ce seuil devant être déclarées et autorisées. Et celles autorisées et encadrées par l'État appelées Teknival - ou **Sarkoval** -, rassemblant plusieurs sound systems autorisés à venir librement installer leur son pendant plusieurs jours consécutifs. Toutes ces mesures n'empêchent cependant pas les free parties, illégales et officieuses, d'exister. Y accéder nécessite néanmoins une cooptation et une disposition à jouer au chat et à la souris avec les autorités.

REGRETS

Beaucoup de teuffeurs repentis déplorent une dégradation des free, à l'origine « bon esprit » actives intellectuellement (politisés, les premiers teuffeurs étaient souvent militants et engagés, tendance punk anar végétarien) et pas uniquement axées sur la défonce. Mais la démocratisation de la drogue, la circulation de mauvais produits, les règlements de comptes dus à des « carot'[4] » de dealer, ont grandement terni l'image de la teuf, qui est nettement moins coolos qu'avant, à ce qu'il paraît.

---

1 Participation aux frais.
2 Musique électronique se situant entre la techno et le hardcore, son style se caractérise par un nombre élevé de battements de cœur par minute (BPM), généralement compris entre 160 et 220. Insuffisants cardiaques s'abstenir.
3 Zones autonomes temporaires, concept inventé par Hakim Bey en 1984, « la ZAT […] occupe provisoirement un territoire, dans l'espace, le temps ou l'imaginaire, et se dissout dès lors qu'il est répertorié ».
4 Arnaque.

SOUND SYSTEM

Le sound system[1] est le nom que l'on donne au dispositif sonore - massif mur d'enceintes - de chaque free. Le terme désigne également les organisateurs de la free party.

Quelques sound systems célèbres : les Hérétiques, Los Banditos, Arrache 2, Infraction, Sales Gosses, LSDF, Corrosive.

INFOLINE

Véritable boussole, parade antipolice, ce mémophone divulgue au dernier moment l'endroit secret choisi pour la free et guide, sur fond musical hardtech, le teuffeur jusqu'à destination. «*Après le petit pont de bois, derrière le platane, en contournant la grange, sous la grotte, juste derrière le punk à chien, ayè c'est bon t'y es, kiffe.*»

Pour plus de confidentialité, l'infoline change de numéro tous les week-ends.

PORTABLE

Garant de l'accès à l'infoline, connexion permanente avec les siens, le portable est le meilleur ami du teuffeur. Sans lui, bonjour les tours de périph pour trouver la bonne sortie ou les potes égarés.

DROGUE

Explorateur des contrées inconnues de son esprit, le teuffeur expérimente voyages psychiques et musicaux moyennant un recours souvent frénétique à certaines substances illicites. Ecstas, champis, kétamine, LSD, héroïne en snif : le petit déjeuner des champions.

Pour savoir si son produit est bon, le teuffeur a recours au test du marquis qui lui permet de vérifier la qualité de ce qu'il va s'envoyer toute la soirée.

En effet, les free encadrées par l'État disposent de stands d'information et de prévention tenus par des associations de teuffeurs ou d'usagers (ASUD, Preven'teuf, Spiritek, Techno+...) ou des ONG (Médecins du monde, Croix-Rouge). Ces associations proposent testing et accompagnement de bad trip, service plus qu'appréciable quand on croit que l'on va mourir dévoré par des poneys nains qui ont des dents humaines.

Sinon «c'est au petit bonheur la chance», comme dirait la Marie-Chantal.

TRIPS

Good trip

«*Je peux rembobiner le temps ou l'avancer, je rewind et je forward ma vie, gars.*»

Bad trip

«*Quelqu'un est en train de rewinder et de forwarder ma vie, je vais mourir, gars.*»

Si les morts sont rares, les accidents liés à la drogue sont malheureusement fréquents. Les teuffeurs sous l'emprise de produits font souvent n'importe quoi, à l'image de ce teuffeur à qui on a eu la bonne idée, un soir de free dans les carrières de Meudon, de mettre vingt trips (ecstasys) dans sa bière pour célébrer ses vingt ans. Le malheureux a disparu de la soirée pour refaire surface cinq jours après, la dread hagarde.

Il s'était perdu dans les carrières.

---

1 Système de sonorisation.

LEXIQUE

Quelques notions à connaître.

Bader : « *Il a trop badé.* »
Se sentir mal après une prise de drogue et vivre la pénible expérience du bad trip, littéralement du mauvais voyage. Bader, c'est « *partir sur de mauvaises pensées qui te font mal tourner dans ton délire.* »
Variantes : « *se faire un bad* », « *un deuba* », « *c'est badifiant* ».

Bang : « *Fais tourner le bang, man.* »
Tube en bambou, en PVC ou même bouteille - remplie d'eau à un tiers - percé d'une durite sur laquelle est placée une douille. Instrument permettant de consommer du cannabis et de tripper.

Baser : préparation avec une cuillère en vue d'un fumage de coke.

Beuh : « *Elle défonce, ta beuh.* »
Feuilles et têtes séchées du cannabis.

Bloquer : « *Il est resté bloqué.* »
Ne plus redescendre d'un produit, rester perché, se prendre pour une feuille d'érable pendant trois mois.
Verlant : kéblo.

Cheum ou chouille (faire la) : « *Chuis pas un punk à chien, je fais pas la cheum non plus.* »
Faire la manche.

Chien : « *J'suis en chien.* »
Être en manque de produits.

Couler sa douille : « *Allez, coule ta douille, là.* »
Expression amicale et familière qui rappelle à la raison la personne devant libérer le bang aux autres utilisateurs.

Douille : petit bout de bois de forme creuse permettant de déposer sa préparation dans le bang.

Dragon : consommation de drogue en goutte fumée sur de l'aluminium.

Fais pas du vin chaud : Dépêche-toi de boire le vin ou fais tourner la bouteille.

Meuj : gramme d'une substance illicite.

Meumeu : héroïne.

Paye : « *Paye ta trace.* »
Aurais-tu de la coke, par hasard ?

Percher : « *Je perche pas mal.* »
Se dit lorsqu'un consommateur de drogue dure est en pleine montée d'un produit, qu'il en ressent grandement les effets. En verlan : chéppère.

Plan : « *T'as pas un plan ?* »
Plan drogue, plan teuf.

Poser : « *Ça pose, ce week-end ?* »
Y a un plan teuf ?

Psychoter : « *Trop réfléchir dans sa tête, en allant trop loin, devenir parano donc par conséquent ne plus être forcément dans le vrai.* »

Rabla : héroïne.

Schmitt : « *22 v'là les schmitts.* »
Keufs, poulets, flics, représentants de l'ordre.

Son : musique de teuf, hardtek, hardcore, drum'n'bass, jungle, trance.

Tekos : teknival
Teuf de cinq jours, légale ou illégale, avec plusieurs sound systems.

Tripper : halluciner, apprécier les effets du produit.

Tawa : « *C'était trop l'dawaa dans cette tawa.* »
Fête.

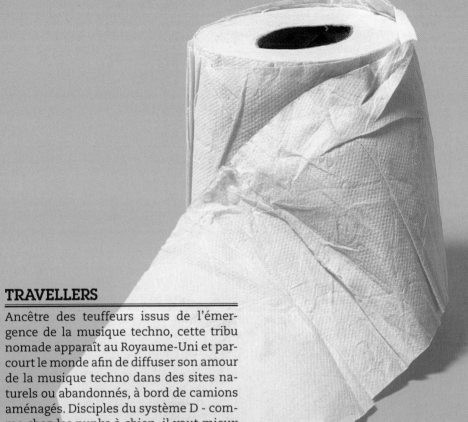

TRAVELLERS

Ancêtre des teuffeurs issus de l'émergence de la musique techno, cette tribu nomade apparaît au Royaume-Uni et parcourt le monde afin de diffuser son amour de la musique techno dans des sites naturels ou abandonnés, à bord de camions aménagés. Disciples du système D - comme chez les punks à chien, il vaut mieux ne pas avoir deux mains gauches -, les travellers aménagent et customisent souvent eux-mêmes leurs camtars, et créent leurs propres systèmes d'alimentation (batteries, énergie solaire...). Pionniers du mouvement free, ils sont souvent les détenteurs du sound system.

MUSIQUE

Techno, tekno (plus hardcore), tribe, acid, acidcore, hardcore, hardtek, speedcore, drum'n'bass, breakcore (drum'n'bass hardcore, speed et industrielle), techno, gabber.
Le son est diffusé par un mur d'enceintes auquel le teuffeur se colle comme à un aimant.

DANSE

Très particulière, c'est ce qu'on appelle une danse «perso» - à l'inverse du slow, du coupé-décalé ou de la chenille, par exemple - qui se pratique seul avec soi-même. Pour ce qui est de la danse en elle-même, nous dirons simplement que le teuffeur semble être posé sur une machine à laver en mode essorage.

ANNEXES

EXERCICES DE STYLE

« Le néophyte revint joyeusement à son hôtel, où il fit une toilette aussi soignée que le jour néfaste où il avait voulu se produire dans la loge de la marquise d'Espard à l'Opéra. Mais déjà ses habits lui allaient mieux, il se les était appropriés. Il mit son beau pantalon collant de couleur claire, de jolies bottes à glands qui lui avaient coûté quarante francs, et son habit de bal. Ses abondants et fins cheveux blonds, il les fit friser, parfumer, ruisseler en boucles brillantes. Son front se para d'une audace puisée dans le sentiment de sa valeur et de son avenir. Ses mains de femme furent soignées, leurs ongles en amande devinrent nets et rosés. Sur son col de satin noir, les blanches rondeurs de son menton étincelèrent. Jamais un plus joli jeune homme ne descendit la montagne du pays latin. »

Balzac, *Illusions perdues*, **1836-1843.**

«Il repassa chez ses darons pour se péssa et avoir une bête de bon ice[1].
Il décida qu'il serait aussi stylé ce soir que la fois où il était allé fêter son
keuba sur les Champs. Son jean Diesel et sa veste en cuir lui allaient nickel.
SAAAAAAALE : c'était un bogoss. Il enfila un polo Lacoste t'inquiète, des
air max qui déchirent et qui l'avait bien fait raquer sa mère, les Ray-Ban de
bâtard dans sa poche : il les dégainerait plus tard. Un peu de Pento dans les
veuchs, un coup d'œil dans la glace : attention les go. Deux trois
bagouses bling-bling pour montrer qu'il pèse dans le milieu,
un spray de Drakkar Noir, et il était prêt à s'arracher.
Sérieux, il était frais. Ce soir il allait pécho mon frère, obligé, si si. En plus il
était official dans cette boîte, t'as vu.
Il fallait qu'il s'arrache : dehors, la street l'appelait.»
Caillera

«Elle revint joyeusement dans son appartement croulant sous les vêtements,
où elle fit une toilette aussi soignée que ce jour abominable où elle avait glissé
sur le verglas en Louboutin et s'était retrouvée les quatre fers en l'air à l'entrée
du Chacha. Ses dernières trouvailles aux soldes presse Isabel Marant lui
allaient comme un gant, "à croire que cette combi short-sarouel a été dessinée
pour vous", lui avait dit la vendeuse. Elle enfila ses résilles et de jolies bottes
à glands Jimmy Choo. Sa crinière de feu affaiblie par vingt ans de brushings
ininterrompus retrouva un peu de sa superbe après quelques vaporisations de
spray lumière shiny sun et d'essence de Guerlain. Un peu de poudre matifiante
sur son front qui continuait à luire comme celui d'une adolescente à trente-
cinq ans déjà bien tassés, un peu de rouge Ferrari sur les ongles. Zut, son fond
de teint avait un peu bavé sur son pashmina blanc.
Qu'à cela ne tienne, malgré cet impair, elle se trouva tout simplement fabuleuse.»
Fashionista

---

1 Style vestimentaire : «Le mot ice est étroitement associé à l'univers rap [...] : Ice Cube, Ice-T...
en référence à Iceberg Slim, figure emblématique du proxénète noir américain. Ice, «diamant en
slang américain, reflète le style vestimentaire ostentatoire des gangstas rap», in *Lexic des cités*,
Fleuve Noir, 2007.

«Elle repassa chez elle parce qu'elle était pas du tout prête rapport à la
soirée chez Steph et entreprit de s'habiller en bombe sex comme la fois
où elle avait salopé sa minijupe à cause qu'un client l'avait aspergée de
champagne alors que ce soir-là elle se trouvait si canon. Franchement elle était
au top dans sa robe dos nu Pimkie. Elle enfila ses platform shoes et prit son fer
à friser. Un peu de paillettes sur le front le temps de laisser sécher sa french.
Y'avait pas à dire : elle était de loin la plus bombasse de la Canebière.»
Bimbo

«Sad Sun retourna chez ses renpses pour refaire son lissage (ses cheveux
bouclaient à cause de la pluie et c'était plus qu'il ne pouvait supporter),
acheva de se remettre un peu plus de noir sous les yeux et de rose dans les
cheveux. Il mit son skinny tout droit sorti du lave-linge et éprouva quelques
difficultés à fermer son bouton. Quelques contorsions plus tard, il pleura un
peu et s'engueula vaguement avec ses parents. *"Vazy koman chuis d-primé
sérieu j'en é tro mar* ☹*."*
Jamais jeune emo plus triste et beau ne traîna son désespoir dans
les rues de Bastille.»
Emo

«Le jeune Charles-Marie revint joyeusement à son hôtel particulier, où il fit
une toilette aussi soignée que le jour néfaste où il avait légèrement abusé
des whiskys-coca au rallye Améthyste. Son joli costume John Preston qu'on-
cle Henri avait non sans mal consenti à lui céder lui allait comme un gant.
Un coup de peigne dans les cheveux, un dernier regard dans la glace, la Rolex
qu'on lui avait offerte pour sa première communion autour du poignet et deux
vaporisations de vétiver, l'eau de Cologne de Papa : il était fin prêt.
C'était désormais une certitude : ce soir, il allait conclure.»
Bcbg

«Jah'j marcha coolos jusqu'a sa studette et prit une douche : ah ah il commençait sérieusement à dauber depuis le sound system de ouf qu'il s'était fait (9 jours). Mais pas question de changer de fringues, son vieux poncho et son treillis étaient décidément trop confortables, man.
Il tourna un peu ses dreads, s'assura qu'elles prenaient bien et mis un petit Bob comme musique de départ. *"Le roi du riddim, Bob, sérieux"*, se dit-il en récurant ses ongles noircis à force d'effritage chronique de boulette de black bombz bien grasse. Sur le col de son poncho, les belles rondeurs de son bi-bouc étincelèrent.
Yes I ! Jamais un plus joli jah-jah ne descendit la montagne de Babylone.»
Jah-jah

«Le néophyte revint joyeusement à son hôtel, où il fit une toilette aussi soignée que le jour néfaste où il avait voulu se produire dans la loge de la marquise d'Espard à l'Opéra. Mais déjà ses habits lui allaient mieux, il se les était appropriés. Il mit son beau pantalon collant de couleur claire, de jolies bottes à glands qui lui avaient coûté quarante francs, et son habit de bal. Ses abondants et fins cheveux blonds, il les fit friser, parfumer, ruisseler en boucles brillantes. Son front se para d'une audace puisée dans le sentiment de sa valeur et de son avenir. Ses mains de femme furent soignées, leurs ongles en amande devinrent nets et rosés. Sur son col de satin noir, les blanches rondeurs de son menton étincelèrent.
Jamais un plus joli jeune homme ne descendit la montagne du pays latin.»
Néodandy

KIKOOLOL

LE KIKOOLOL EST UN SOCIOLECTE RELEVANT DU LANGAGE SMS ET DU CLAVARDAGE[1]. ISSU DE L'INTERNET ET DE LA MESSAGERIE INSTANTANÉE[2], IL PRIVILÉGIE L'ÉCONOMIE DU LANGAGE TOUT EN FAVORISANT L'ILLETTRISME. IL EST À CE JOUR LE DIALECTE DE RÉFÉRENCE DE LA JEUNESSE FRANÇAISE.

CINQ PRINCIPES RÉGISSENT LE KIKOOLOL

1. | **L'abréviation**

Le temps étant précieux sur Internet, il est nécessaire d'aller promptement à l'essentiel sans s'embarrasser de la moindre contrainte orthographique. Voici quelques exemples d'abréviations types.

bjr : bonjour
mdr : mort de rire
ptdr : pété de rire
slt : salut
jtdr : je t'adore

2. | **Les acronymes anglais employés comme interjections**

LOL : «lots of laugh» (rires)
Ex. : «*Ce mat1 g glissé sur une po 2 banane ! - Lol.*»

Véritable institution de l'Internet, le lol exprime le rire, la joie, l'hilarité et l'amour du partage de blagues entre amis. Sa signification est simple et pourrait se traduire par «rires», semblables à ceux enregistrés qui ponctuent les séries télévisées. Pourtant, plus qu'un mot, le lol est désormais une interjection, un souffle, une onomatopée, une virgule de rire fédératrice.

«Ainsi, de l'éclat de rire franc et massif, le "lol" est simplement devenu un signe de ralliement occupant une fonction sociale positive permettant à ceux qui ne maîtrisaient pas les règles du bon goût sur l'Internet de se reconnaître entre eux sur la Toile.

Dans cet esprit, le lol vidé de son sens a plusieurs fonctions dans une conversation :
- combler les blancs sur msn ;
- faire semblant de s'intéresser à ce que dit l'autre sans même avoir à faire l'effort d'esquisser un sourire forcé ;
- exprimer tout son amour pour l'humanité.

S'agissant de monologues (sur les blogs), il conclut des phrases ou des groupes de mots n'ayant rien de drôle et venant souvent légender une photo personnelle.

---

1 Cf. Fluokid.
2 «Conversation entre plusieurs personnes connectées en même temps à un réseau, qui échangent des messages s'affichant en temps réel sur leur écran.» Définition du dialogue en ligne de la Commission générale de terminologie et de néologie qui avait d'abord proposé «causette» en 1999.

Exemple : *"Sa c ma meilleur amie lol. "
" Je vou présent la dame de la cantine elle
é super sympa lol[1] ".* »

LMAO : «laughing my ass off», que
nous traduirons par «rire fesses par-
dessus tête» (lol en mieux).

ROFL : «rolling on the floor laughing»,
soit «je me roule par terre de rire».
À part dans la bande dessinée Calvin
et Hobbes, cette figure est rarement
exécutée.

ROFLMAO : «rolling on the floor laughing my ass off», autrement dit «je
me roule par terre de rire fesses par-
dessus tête». Le ROFLMAO additionne le ROFL au LMAO pour toujours
plus de rire.

ROFLMAOGCB : «rolling on the floor
laughing my ass off getting carpet
burns», hyperlol «entraînant une com-
bustion spontanée due au frottement
du tapis sur lequel le sujet se roule
de rire[2]». Rire hystérique, entre l'hilarité et la crise d'angoisse, qui trahit une légère tendance au trouble

obsessionnel compulsif (qui pousse
des malheureux à se frotter régulièrement sur le tapis pour se débarrasser des microbes).

LULZ : rire cynique et moqueur, le lulz
(pluriel mutant de lol) est «un ricanement aux dépens de quelqu'un ou de
quelque chose»[3]. Différent du lol pur
et innocent de l'adolescence et de ses
éclats de rire sincères, le lulz est un
rire jaune, mauvais et désabusé. Un lol
perverti, en somme.
L'expression «I did it for the lulz», «je
l'ai fait pour la beauté du ricanement»
est un des leitmotive de l'Internet (tout
comme envoyer des photos de chats
dans des postures humiliantes).

ASAP : «as soon as possible», c'est-à-
dire «dès que possible». Présent dans
les correspondances professionnelles
de type «Je reviens vers toi ASAP».

WTF : «what the fuck» = bon sang de
bonsoir.

STFU : «shut the fuck up» = veux-tu
te taire bon sang de bonsoir.

3. | Le rébus
2m1 : demain
b1 : bien
koi 2 9 : quoi de neuf
A 1 2 C 4 : à un de ces quatre

4. | La phonétique
koi : quoi
jamé : jamais
grav : grave
eske : est-ce que

5. | Les mutations inexplicables
kikoo : hypercoucou

Notez qu'il est fortement déconseillé d'employer ce type de langage passé 20 ans.

1-2-3 *Anthologie du lol*, article de Diane Lisarelli, 4 février 2009, www.lesinrocks.com.

EMOTICON

RÉGULIÈREMENT LE JEUNE A RECOURS PAR LE CLAVIER DE SON ORDINATEUR À DES PETITS ÉLÉMENTS GRAPHIQUES APPELÉS EMOTICONS[1] AFIN DE TRANSCRIRE LA VASTE PALETTE DE SES ÉMOTIONS, RÉACTIONS, SENSATIONS. L'EMOTICON LUI PERMET AINSI DE JOINDRE À SES PAROLES UNE FIGURATION DE SES SENTIMENTS ET ÔTE TOUTE AMBIGUÏTÉ À SON DISCOURS.

:-) :)
sourire
Inventé le 19 septembre 1982 par Scott Falhman, professeur à l'université Carnegie Mellon, le smiley était à l'origine employé afin d'étiqueter les messages drôles ou ironiques qui circulaient sur le forum de son université. Il est depuis employé pour signaler une certaine bienveillance, une joie amicale et sympathique.

:-(:(
tristesse
Dénote une forme de compassion pour autrui ou un autoapitoiement.

:-| :|
sérieux ou blasé

:-D :D
riant de toutes ses dents

;-) ;)
clin d'œil

:-o
étonné, bouche bée, surpris, sifflant, prenant l'air innocent

^_^
content

:-P :P
tirant la langue

:-O :O :o
criant

:-X :-x :-#
ne parlant pas, muet

=X
rire contenu

|-O
bâillant

:'(
pleurant

8-)
n'en croyant pas ses yeux, adoration

B-)
cool (lunettes de soleil)

:-\ :S :$:x :s
confus, embarras

---

1 Émotions + icônes = emoticons.

>=D
sadique

:^)
grand nez

d:-)
avec une casquette

8-O
ahuri

:*)
ivre

=:-/   =:-)   etc.
punk

+:-|
pape

:-E
agressif (montrant les dents)

:-€
vampire

:-3) :-{)
une personne à moustache

~<:o)
clown

:-/   :/
consterné

X-[
contrarié

xD   XD
hilare

Dx   DX
rire de hyène

:@   >:(
colère

x_x
mort

\(^o^)/   \o/
youpi

d^o^b   d-(^_^)-b   O.Oy
joie, super (les deux pouces en l'air)
victory.

q-(-_-)-p
désaccord (les deux pouces vers le
bas)

d O.O b
écoute au casque

$__$
vénal

:d
je sais toucher mon nez avec ma
langue

:@]
homme avec un gros nez

.-)   .)
borgne

Ø_^
pirate

\ô?
Capitaine Crochet (variation de
l'homme levant les bras \o/)

:-(((((((((((
mégatriste

=^.^=   >^.^<   _(,)°>
souris ou rat

:-*
bisou kiss

}=D
vache

Ü
mégaheureux

<°)))><
poisson

=7
hésitant

_o<
canard

X_+»
aïe

= :0)=============O : : : : : : : : :
girafe

:V
ambigu

<3
cœur

p_q
sous l'emprise de drogues

</3
cœur brisé

>:-q
en pleine concentration

:3
singe

<:-)
avec un chapeau chinois

orz
personnage qui se prosterne

....

Certaines se rapprochent
de l'Art ASCII[1] :

(_)_TNT___)-----*
(TNT)

:(_8^(|)
Homer Simpson

/ !\
panneau danger

@@@@@@@8-)
Marge Simpson

*<§ ☺§§§
Père Noël

E:o)
un chat (mignon, enfantin)

~\o/~
homme avec des poils sous les aisselles

---

1 Norme américaine de codage de caractères en informatique la plus connue et la plus compatible, l'American Standard Code for Information Interchange (code normalisé pour l'échange d'informations), fut inventée par Bob Berner en 1961. L'ASCII contient les caractères indispensables pour écrire en anglais. Par extension, l'art ASCII consiste à réaliser des images à l'aide de ces lettres et caractères spéciaux. L'emoticon est la forme primitive de cet art.

(Y) (?)
fesses

(y) (?)
grosses fesses

3==D   8===D
sexe masculin

(Y)
ou féminin

(.Y.)   (.)(.)
seins

(?Y?)   (?)(?)
seins piercés

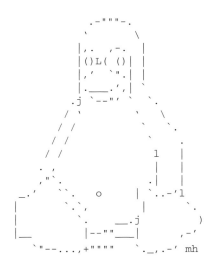

Exemple : Tux, manchot mascotte du système d'exploitation GNU/Linux réalisé en caractères ASCII.

LE KIKOOLOL EN PRATIQUE[1]

« c tro bon le jue danana perso jadore et vous yen a kème pa mé moi jador mdr »

Extrait du skyblog «Miam les fruits» pour tous ceux qui, comme Kévin, partagent la passion des jus de fruits.

« agi de tèl sorte k la maxim de ta volonté puisse êtr érigé en loi moral universèl ☺ »

emanuel kant, *critik de la rèson pratik*, **1788**

LA CERISE SUR LE GÂTEAU

«lontan, je m sui kouché de bone heure. Parfoi, a pein ma bougi éteinte, mé yeux se fermè O 6 vite k jn'avès pas le tan de m dir : «jm'endors.» Et, une demi-heur après, la pensée k'il été tan de cherché le someil m'éveillè ; jvoulès posé le volum k jcroyès avoir enkor dan les mins é souflé ma lumièr ; jn'avès pas cessé en dorman de fèr des réflexions sur se k jvenès de lire, mès se réflexions avè1 pri un tour un peu partikulié ; il m semblè k j'étès moi-mêm se don parlèt louvraj : une église, un katuor, la rivalité de Françoi Ié é de Charles kint. 7 croyansse survivè pendan kelke sekonde à mon réveil, èl ne chokè pas ma rèson mès pesè kom de ékèlle sur me yeu é les empêchè de se rendr konpte k le boujoir n'étè + allumé. ^^ »

marcel proust, *du coté de ché swan*, **1913, ptdrr**

---

1 Grâce au fabuleux Kikoololise ton site (http://kikoolol.memepasmal.net).

CHUIS OÙ, MOI ?

Grand test du look

1. | **L'ÉTÉ, VOUS NE PARTEZ JAMAIS SANS METTRE DANS VOTRE VALISE :**
a/votre chien
b/votre PC
c/votre jean neige
d/votre missel
e/vos poids
f/ l'intégrale d'Andreï Tarkovski en dvd
g/votre Sk8
h/des os
i/ votre fer à lisser

2. | **VOTRE PASSE-TEMPS PRÉFÉRÉ :**
a/les AG
b/trouver la dernière séquence du chiffre pi
c/la confection de costumes
d/la chasse
e/les UV
f/ le tri des déchets
g/cracher
h/pleurer
i/ vous prendre en photo dans des poses de mannequin

3. | **VOS MODÈLES :**
a/Che Guevara
b/Bill Gates
c/Arlecchino
d/Jean d'Ormesson
e/Jean Reno
f/ Edouard Baer
g/P. Diddy
h/Mana
i/ Sophie Thalmann

4. | **LE FILM QUI A CHANGÉ VOTRE VIE :**

   a/ *Le Cauchemar de Darwin*
   b/ *Matrix*
   c/ *The Cremaster Cycle*
   d/ *Les Choristes*
   e/ *Le Transporteur*
   f/ *La Maman et la Putain*
   g/ *Point Break*
   h/ *Edward aux mains d'argent*
   i/ *Crossroads*

5. | **PLUTÔT MOURIR QUE…**

   a/ voter Sarko
   b/ faire tourner ma machine sous Windows
   c/ mettre un jogging
   d/ sortir sans m'être peigné les cheveux
   e/ maigrir
   f/ mettre des baskets fabriquées par des enfants chinois de 3 ans dans des conditions de travail inhumaines
   g/ faire du roller
   h/ vivre
   i/ me suicider

6. | **CHEZ VOUS, C'EST :**

   a/ chez les autres : matelas au sol, cadavres de bières, chien qui rêve
   b/ très simple : une table, un matelas au sol et 120 ordinateurs
   c/ aménagé avec goût : néons, animaux empaillés, table en formica
   d/ très classique : meubles en merisier, fauteuil en velours, tapis persan
   e/ classieux : canapé en cuir blanc, écran plat gigantesque, cuisine américaine
   f/ dépouillé : canapé en cuir Mies Van der Rohe, lampadaire Arco et table basse Conran
   g/ dans une barre hlm : un studio en meublé
   h/ chez mes parents : ça craint
   i/ comme chez Mariah Carey : rose avec tout plein de napperons

7. | VOTRE PLAT PRÉFÉRÉ :
   a/un mafé
   b/des pâtes au ketchup
   c/une aigrette à la mousseline de gingembre
   d/un rôti de 7 heures
   e/un milkshake à la viande
   f/ du quinoa au riz complet
   g/KFC forever
   h/j'ai pas faim
   i/ un banana split

8. | LE PRÉNOM DE VOS ENFANTS :
   a/Rex
   b/C3PO
   c/Jean-Jacques
   d/Enguerrand
   e/Nathanaël
   f/ Tado
   g/Bohdi
   h/Violence
   i/ Tiffany-Ambre

RÉSULTATS

Vous avez un maximum de A :
Vous êtes un jah-jah / punk à chien / teuffeur.
Rastafari Boum Boum.

Vous avez un maximum de B :
Vous êtes un nolook / nerd, bref : un nolife.
 <title>Désolé</title>

Vous avez un maximum de C :
Vous êtes un arty / bear / looké-décalé / butch / fluokid /
electro rock / gouine à mèche, one again branchaga.
Vous êtes cool et vous ne le savez que trop.

Vous avez un maximum de D :
Vous êtes un Bcbg Marie-Chantal à tendance nappy.
Funky baby.

Vous avez un maximum de E :
Vous êtes une gym queen / sunset beach / shalala.
Et si on partait à Deauville après l'entraînement ?

Vous avez un maximum de F :
Vous êtes un gros bobo.
Et si.

Vous avez un maximum de G :
Vous appartenez à la tribu streetwear skateur / oversized /
bling-bling / caillera.
Si si la famille.

Vous avez un maximum de H :
Vous êtes un emo limite fake.
Honte à vous.

Vous avez un maximum de I :
Désolé, mais vous êtes une grosse pouffe.

Pseudomanifeste de la Peltag
Cap automne-hiver 2012

par shiningrubis*** agent de la Peltag

MISSION ET OUTILS DE TRAVAIL DE LA PELTAG

La Peltag est la Police européenne du look, de la tendance et de l'avant-garde[1]. Créée il y a quelques années[2], cette institution aujourd'hui installée dans le paysage de la mode européenne a une double mission : la prévention - par le biais des avis et recommandations officielles qu'elle émet - et la répression des usagers de la mode.

La Peltag s'appuie sur un réseau d'agents qui sillonnent les capitales européennes à l'affût des nouvelles tendances et des erreurs de look, rédigeant continuellement des rapports d'activité destinés au Grand Conseil consultatif de la Peltag[3]. Force est de constater qu'après de nombreuses saisons de service, le besoin d'un outil sophistiqué de classification des usagers de la mode s'est imposé comme une condition *sine qua non* de la continuation de la mission première de la Peltag : surveiller et punir, dans une démarche de clarification des champs d'action de ses agents.

Or, dans le cadre d'une collaboration active entre l'auteure du présent ouvrage et des membres de la Peltag : il est apparu clairement qu'il existait une synergie entre la classification développée ici de manière complètement indépendante - hors de la pression des lobbies textiles et des personnalités influentes du monde de la mode - et les nouveaux besoins de la Police européenne du look.

L'ambition de ce pseudomanifeste est de faire un point sur les quelques concepts clés du nouveau logiciel de la Peltag tel qu'il devra être mis en place dans le cadre du plan Cap automne-hiver 2012, en s'appuyant notamment sur la catégorisation proposée dans cet ouvrage.

---

1 Pour toute demande de précision, question look ou consultation des avis officiels de la Peltag, rendez-vous sur http://peltag.eu.
2 Voir l'article « Des looks mieux policés », de Catherine Ferroyer-Blanchard, *Wendy Magazine,* n° 3 (www.wendy-magazine.com).
3 Voir *infra* l'organigramme de la Peltag.

1. | Détermination des individus sensibles

Il serait utopique de penser que la Peltag, avec les faibles moyens dont elle dispose, peut se pencher sur le profil look de tous les habitants de l'Union. Dès son origine, il a été clair que seuls les individus sensibles[1] seraient concernés par ses avis et recommandations. Reprenons donc la catégorisation établie dans les pages précédentes, et qui devra désormais servir de ligne directrice officielle en matière de reconnaissance des usagers de la mode sensibles, afin de voir pour chacune des catégories quel est son niveau de sensibilité.

Attention, le niveau de sensibilité ici indiqué ne correspond pas à ce que les membres de chaque catégorie estiment être leur intérêt pour la mode (un jah-jah prend toujours beaucoup de soin à choisir sa paire de chaussures en cuir imitant la forme d'une feuille), mais à l'utilité objective de cet intérêt selon les critères de la Peltag (une chaussure en forme de feuille, c'est objectivement moche).

CATÉGORIE	NIVEAU DE SENSIBILITÉ	CATÉGORIE	NIVEAU DE SENSIBILITÉ
Arty	A	Kawaii	C (TR)
Baby-pouffe	C (TR)	Lolita	B (TR)
Baby-rockeur	B (TR)	Looké-décalé	A
Bcbg	C	Marie-Chantal	C
Bear	C	Metalleux	C
Bimbo	C	Modasse	B
Bling-bling	D	Nappy	D (TR)
Bobo	B	Néodandy	B
Butch	C	Nerd / Geek	E
Caillera	C	No look	E
Electro rock	B	Oversized	C
Emo	C (TR)	Punk à chien	E
Fashionista	D	R'n'b	C
Fluokid	A (TR)	Shalala	D
Gouine à mèche	B	Skateur	C
Gym queen	D	Sunset beach	D
Hippie chic	D	Tecktonik	C (TR)
Jah-jah / Wawash	C	Teuffeur	E

1 Individus sensibles : individus ayant un intérêt certain et un sens de la mode sûr, qui se lookent plus qu'ils ne s'habillent et pourraient être photographiés par The Face Hunter (http://facehunter.blogspot.com/) ou le Sartorialist (http://thesartorialist.blogspot.com). En d'autres termes, aucun individu sensible ne porte de bombers Schott ou des blouses fleuries de mamie.

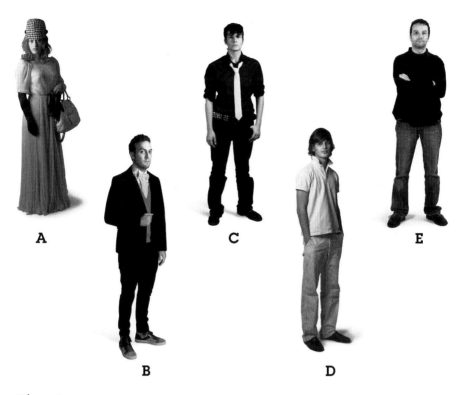

A   C   E

B   D

Légende :

A Sensibilité des individus lookés[1], ayant un intérêt sincère[2] pour la mode et qui affichent des looks de très grande qualité.

B Sensibilité des individus lookés, ayant un intérêt sincère pour la mode et qui affichent des looks de qualité, sans être exceptionnels.

C Sensibilité des individus ayant un intérêt modéré[3] pour la mode et qui affichent des tenues de médiocre qualité, malgré toute leur bonne volonté ; qui inspirent de la tendresse.

D Sensibilité des individus ayant un intérêt hypocrite[4] pour la mode et qui affichent des tenues moches et ratées ; inspirent du mépris.

E Individus qui se foutent de la mode et ça se voit.

TR Look de transit - look souvent adopté pendant la période adolescente, quand « on se cherche ». Explique pourquoi les membres de ces catégories ont rarement plus de 19 ans et demi.

Les agents de la Peltag se concentrent exclusivement sur les usagers de la mode dont le niveau de sensibilité est A ou B.

---

1 Looké : habillé pour les individus sensibles.

2 Intérêt sincère : aimant la sape et considérant l'attirail vestimentaire comme le moyen ultime de se démarquer et de montrer son appartenance à un groupe.

3 Intérêt modéré : aimant bien la sape et considérant l'attirail vestimentaire comme un moyen parmi d'autres de se démarquer et de montrer son appartenance à un groupe.

4 Intérêt hypocrite : aimant beaucoup la sape et considérant l'attirail vestimentaire comme le moyen ultime d'asseoir son statut social prétendument supérieur.

2. | Récupérabilité des individus non sensibles

Cependant, il serait injuste de laisser de côté toute la frange de la population constituée par les individus au niveau de sensibilité C, D ou E. Rendons à César ce qui lui appartient : si la Peltag ne s'intéresse pas directement à ces usagers, ils restent, en tout cas pour certains d'entre eux, une source d'inspiration pour les usagers sensibles en ce qu'ils constituent un réservoir d'idées de look sans fin. Que serait le look preppy[1] sans l'influence d'une Marie-Chantal british ou le look de tout DJ français suffisamment second degré qui se respecte[2] sans le metalleux ?

Voici un second tableau présentant le niveau de récupérabilité de chaque catégorie ; ce niveau indiquant dans quelle mesure il est envisageable de s'inspirer d'une catégorie pourtant non sensible quand on est un individu sensible cherchant à faire triompher le look.

CATÉGORIE	NIVEAU DE RÉCUPÉRABILITÉ	CATÉGORIE	NIVEAU DE RÉCUPÉRABILITÉ
Baby-pouffe	faible	Marie-Chantal	élevé
Bcbg	moyen	Metalleux	élevé
Bear	faible	Nappy	moyen
Bimbo	faible	Nerd / Geek	élevé
Bling-bling	élevé	No look	nul
Butch	faible	Oversized	moyen
Caillera	moyen	Punk a chien	nul
Emo	faible	R'n'b	moyen
Fashionista	faible	Shalala	nul
Gym queen	nul	Skateur	faible
Hippie chic	faible	Sunset beach	nul
Jah-jah / Wawash	nul	Tecktonik	faible
Kawaii	moyen	Teuffeur	nul

NB : Contrairement à ce que l'on pourrait a priori penser, il n'existe pas de lien direct entre le niveau de sensibilité et le niveau de récupérabilité.

Attention cependant à ne pas prendre cette inspiration de look comme une tentative de déguisement,   car il n'en est rien : un individu looké n'est pas un individu déguisé, même si le second degré et l'humour font souvent partie de l'équation lors d'une récupération de look - surtout dans la sous-catégorie looké-décalé[3].

---

1 Preppy : réinterprétation du look Oxford-Cambridge des étudiants de ces chics universités british.
2 Gaspard Augé, du groupe electro Justice, est connu pour ses T-shirts de groupes de métal oubliés (ou pas) portés sous son blouson en cuir ajusté.
3 On pourra lire à ce sujet l'avis officiel de la Peltag intitulé *Look, déguisement et performance* publié sur http://peltag.eu le 21 janvier 2008.

3. | Théorie du risque look calculé (RLC)

De même, il est bon, dans ce système apparemment inflexible, d'introduire un peu de liberté : car si la mode a ses règles et ses codes, sans doute aussi rigides que celles régissant les différents académismes picturaux, il est des usagers qui peuvent se permettre de faire fléchir ces règles afin de créer quelque chose de nouveau, tel un Picasso créant le cubisme en peignant *Les Demoiselles d'Avignon*.

Si ce dernier a dû subir les vents d'une violente polémique, certains usagers de la mode prennent ce même type de risque, de manière calculée, en introduisant dans leurs looks des éléments interdits par la Peltag, mais en pariant sur leur capacité à en faire quelque chose de positif : certains les appellent des trendsetters, dans tous les cas il s'agit de piliers du système de la Peltag ; c'est pourquoi ils sont protégés par un statut d'immunité look - seuls quelques-uns de ces usagers en bénéficient chaque année. Ces usagers particulièrement téméraires sont surreprésentés chez les individus de la catégorie Arty.

Tous les usagers ne sont donc pas encouragés à prendre un risque look calculé (RLC) car le motif péruvien (DON'T[1]), le bob (DON'T) ou la laine bouillie colorée (DON'T) ne peuvent se transformer en DO que dans de très rares circonstances.

Voici une liste non exhaustive des éléments de look récupérables pour les catégories à niveau de récupérabilité élevé :

MARIE-CHANTAL

DON'T : le pull sur les épaules, le large serre-tête en velours bleu marine, les escarpins plats Tod's.

DO : le carré en soie - de préférence cheap et mal imité -, le cardigan à gros boutons dorés - mais fuchsia -, la chaînette dorée qui retient les lunettes de vue.

BLING-BLING

DON'T : le baggy, les dents en or, le collant sur la tête en guise de bonnet.

DO : la robe T-shirt extralarge, l'avalanche de colliers à la Mister T - mais avec du plaqué or et du plastique -, tous les accessoires géants - pochette géante, boucles d'oreilles géantes, ceinture géante - mais un seul à la fois.

METALLEUX

DON'T : les cheveux gras longs, les accessoires en forme de croix, les chaussures coquées.

DO : les cheveux mi-longs un tout petit peu gras, les T-shirts de groupes, la veste en jean.

NERD

DON'T : la coupe de cheveux en brosse, les chaussures - des espèces de Doc Marten's basses aux lacets qui traînent par terre -, les cravates à motif Homer Simpson.

DO : les pantalons feu-de-plancher, les montres en plastique qui ressemblent à des calculatrices, les lunettes de vue.

---

1 DO / DON'T : à faire / à ne pas faire.

MODE, BEAU ET VALORISATION

Évidemment, il serait facile de rétorquer ici que c'est la porte ouverte à toutes les erreurs de look : les usagers pourraient en effet se sentir protégés, car finalement tout leur est permis grâce à ce fort commode risque look calculé.

Pourtant, là n'est pas leur intérêt : faire n'importe quoi, mais vraiment n'importe quoi, est à la portée de tous ; se déguiser en Yolande[1] est assez accessible. En revanche, le faire de manière calculée, en prenant en considération des éléments objectifs comme la probabilité de succès d'une tendance, la qualité esthétique du résultat final - est-ce qu'on se rapproche du Beau ? -, et le rapport possibilité d'avoir-l'air-ridicule/potentialité-d'être-compris-par-les-gens-qui-comptent est bien plus complexe qu'il n'y paraît. Mais il est d'autant plus valorisant qu'il témoigne d'une expertise en matière de look, accompagnée d'une confiance en soi à toute épreuve. Une telle crédibilité look, qui ne s'acquiert qu'avec force travail et séances de shopping, est le rempart de tous les individus sensibles face à la critique que ne manque pas de susciter le principe même de la Peltag depuis sa création : « *On s'en fout pas un peu d'être DO ou DON'T ? Vous vivez pour être jugé en permanence par vos contemporains ou vous vivez pour vous-même ? Vous n'existez donc que via le regard des autres ?[2]* » La réponse à cette dernière question étant oui, le débat est clos.

---

1 Yolande Moreau, de la troupe de théâtre des Deschiens, connue pour ses robes à fleurs très 70's, considérée comme une beauf mais cool quand même - c'est pour du théâtre.
2 Commentaire laissé par G sur l'article http://peltag.blogspot.com/2008/08/les-dos-and-donts-de-la-pose.html sur le blog de la Peltag.

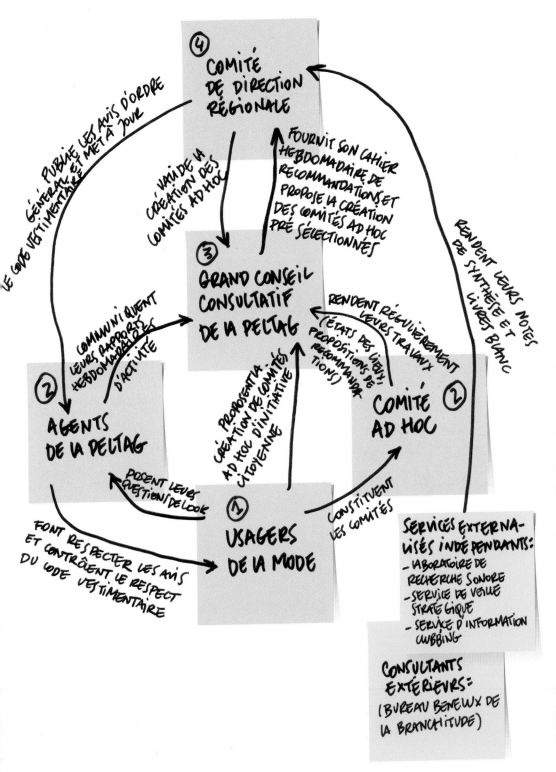

④ COMITÉ DE DIRECTION RÉGIONALE

GÉNÉRAL. PUBLIE LES AVIS D'ORDRE LE CODE VESTIMENTAIRE ET MET À JOUR

VALIDE LA CRÉATION DES COMITÉS AD HOC

FOURNIT SON CAHIER HEBDOMADAIRE DE RECOMMANDATIONS ET PROPOSE LA CRÉATION DES COMITÉS AD HOC PRÉ SÉLECTIONNÉS

RENDENT LEURS NOTES DE SYNTHÈSE ET LIVRES BLANC

③ GRAND CONSEIL CONSULTATIF DE LA PELTAG

COMMUNIQUENT LEURS RAPPORTS HEBDOMADAIRES D'ACTIVITÉ

RENDENT RÉGULIÈREMENT LEURS TRAVAUX (ÉTATS DES LIEUX, PROPOSITIONS DE RECOMMANDATIONS)

② AGENTS DE LA PELTAG

② COMITÉ AD HOC

PROPOSENT LA CRÉATION DE COMITÉS AD HOC D'INITIATIVE CITOYENNE

POSENT LEURS QUESTIONS DE LOOK

FONT RESPECTER LES AVIS ET CONTRÔLENT LE RESPECT DU CODE VESTIMENTAIRE

① USAGERS DE LA MODE

CONSTITUENT LES COMITÉS

SERVICES EXTERNA-LISÉS INDÉPENDANTS:
- LABORATOIRE DE RECHERCHE SONORE
- SERVICE DE VEILLE STRATÉGIQUE
- SERVICE D'INFORMATION CLUBBING

CONSULTANTS EXTÉRIEURS:
(BUREAU BENELUX DE LA BRANCHITUDE)

279

MERCI À NOS MODÈLES

Adrien, Alice, Alicia, Aly, Angel, Arthur, Aude, Belle, Cécile, Charles, Charlotte, Christopher, Daphné, Diane, Éléonore, Élodie, Félix, Fiona, Florent D., Florent R., Franck B., Franck F., Freddy, Hugo, Ilhame, Jérémy, Julien, Kimy, Kyoshi-Chan, Léa, Louise, Luc, Magali, Mai lan, Marie, Maxime, Mohamed, Mozo, Nell, Nicolas, Noah, Princesse-pudding, Quentin, Romain, Rabih, Stivix, Thibaud, Thomas, Vincent, Rayan, Ren-kaa, Radha, Romain, Ruben, S.T, Tony, Yves, Zazoo.

SPÉCIAL MERCI

À Dorothée Cunéo

SPÉCIAL SYMPA

À Alicia Birr, Stéphane Bohn, Maxime Donzel, Marie Donzelli, Franck Fargerelle, Charlotte Favier, Oriane Feuerback, Stéphane Foenkinos, Louise Gautier, Myriam Gharbi, Aude Lemercier, Diane Lisarelli, Nicolas Maalouly, Charly Meignan, Karine Mercier, Olivier Michel, Alexandre Nbiaye, Vladimir Pawlotsky, Benoît Pétré, Charlotte Pouch, Octavie et Romain Rambaud, Jamal Seddik, Anthony Sebaoun, Éléonore Thérond, Stéphane Thévenot, Nizar Triki, Gaëlle Villotte.

MERCI

Janet, Solène, Olga, Pierre.
Antoine Caro, Farid Chenoune, Guillaume Erner, Marvin Gaye, Nicolas Weill, Ariel Wizman.

TABLE DES MATIÈ- RES

N° éditeur : 49154/01
Dépôt légal : octobre 2009
Achevé d'imprimer en France
par Pollina - n° L50630